本书由河南大学教材出版基金资助

组织学与胚胎学实验指导
ZUZHIXUE YU PEITAIXUE SHIYAN ZHIDAO

（供基础、临床医学，口腔、护理学等专业使用）

主　编　蒋杞英　胡艳秋
副主编　文曙光　李　慧　王国英

河南大学出版社
·郑州·

图书在版编目(CIP)数据

组织学与胚胎学实验指导/蒋杞英主编. —郑州:河南大学出版社,2013.12(2019.1 重印)
ISBN 978-7-5649-1438-7

Ⅰ.①组… Ⅱ.①蒋… Ⅲ.①人体组织学-实验-医学院校-教学参考资料 ②人体胚胎学-实验-医学院校-教学参考资料 Ⅳ.①R32-33

中国版本图书馆 CIP 数据核字(2013)第 312279 号

责任编辑　余建国　付会娟
责任校对　付会娟
封面设计　王四朋

出版发行　河南大学出版社
地址:郑州市郑东新区商务外环中华大厦 2304 号
邮编:450046
电话:0371-86059712(高等教育出版分社)
　　　0371-86059713(营销部)
网址:www.hupress.com

排　版	郑州市今日文教印制有限公司		
印　刷	河南育翼鑫印务有限公司		
版　次	2014 年 2 月第 1 版		
印　次	2019 年 1 月第 2 次印刷	开　本	787mm×1092mm　1/16
印　张	8.5	彩　插	16 页
字　数	186 千字	定　价	29.00 元

(本书如有印装质量问题,请与河南大学出版社营销部联系调换)

前　　言

组织学与胚胎学是相关的两门学科,我国的医学教育习惯是将《组织学与胚胎学》列为一门课。近几十年来,随着细胞生物学的兴起,组织化学、免疫组织化学、电子显微镜、激光共聚焦显微镜等新方法和新技术的应用,大力推动了组织学与胚胎学的发展。组织学与胚胎学实验是理论联系实际、培养学生综合分析问题和解决问题能力的重要手段,也是学好组织学与胚胎学的重要环节。

本教材是按照卫生部规划教材《组织学与胚胎学》及教学大纲的要求编写的。在文字上要求简明扼要,重点突出,叙述明白,尽可能采用镜下拍摄真实的彩色图片。本教材侧重实践教学,内容上共26章,细分为文字和彩色图谱两部分。考虑到医学生课业繁重的特点:在每一章节的前后增加导读和课后思考题;实习的切片标本分别以肉眼观察、低倍镜观察、高倍镜观察的顺序进行描述,另外增加示教标本部分;书中精选了180幅彩色图片,图像清晰并有图中标注,方便学生对照观察。教材中的第1章由王国英和胡艳秋编写;第2章至第7章,第10章由李慧编写;第8章,第12章,第13章,第16章至第19章由文曙光编写;第9章,第11章,第20章至第26章由胡艳秋编写;第14章,第15章由蒋杞英编写。

本教材在初稿完成后,分别请同行专家、教授审阅,提出了许多宝贵的意见。由于我们的水平有限,书中难免还有不足之处和错误。热情欢迎使用本书的同行和同学惠以评议和指正,以便今后修订时改进。

蒋杞英
2013年10月

目　录

第 1 章　绪论 …………………………………………………………………（ 1 ）
第 2 章　上皮组织 ……………………………………………………………（ 9 ）
第 3 章　固有结缔组织 ………………………………………………………（ 14 ）
第 4 章　血液 …………………………………………………………………（ 18 ）
第 5 章　软骨和骨 ……………………………………………………………（ 22 ）
第 6 章　肌组织 ………………………………………………………………（ 26 ）
第 7 章　神经组织 ……………………………………………………………（ 30 ）
第 8 章　神经系统 ……………………………………………………………（ 36 ）
第 9 章　眼和耳 ………………………………………………………………（ 40 ）
第 10 章　循环系统 …………………………………………………………（ 46 ）
第 11 章　皮肤 ………………………………………………………………（ 52 ）
第 12 章　免疫系统 …………………………………………………………（ 56 ）
第 13 章　内分泌系统 ………………………………………………………（ 61 ）
第 14 章　消化管 ……………………………………………………………（ 65 ）
第 15 章　消化腺 ……………………………………………………………（ 71 ）
第 16 章　呼吸系统 …………………………………………………………（ 77 ）
第 17 章　泌尿系统 …………………………………………………………（ 80 ）
第 18 章　男性生殖系统 ……………………………………………………（ 83 ）
第 19 章　女性生殖系统 ……………………………………………………（ 87 ）
第 20 章　胚胎发生总论 ……………………………………………………（ 92 ）
第 21 章　颜面和四肢的发生 ………………………………………………（ 97 ）
第 22 章　消化系统和呼吸系统的发生 ……………………………………（ 99 ）
第 23 章　泌尿系统和生殖系统的发生 ……………………………………（103）
第 24 章　心血管系统的发生 ………………………………………………（107）

第 25 章 神经系统和眼耳的发生 …………………………………… (111)

第 26 章 畸形学概论 …………………………………………………… (114)

附　　录　中英文名词对照 ………………………………………… (117)

彩色图谱 ……………………………………………………………… (129)

第1章 绪 论

【导读】

组织学与胚胎学是一门研究人体微细结构及其发生发展的形态学科,必须借助组织切片、标本、模型和电镜照片的观察进行学习,以此加强理论知识的理解和巩固。本实验课程分为组织学和胚胎学两部分。组织学部分主要包括组织切片、示教切片及电镜照片结构的描述;胚胎学部分则介绍了如何观察模型。

一、实验要求

(1) 实验前必须复习理论内容,并预习《实验指导》的导读部分,以便在实验时收到良好的效果。

(2) 遵守实验室规则,保持实验室安静、整洁。

(3) 遵守学习纪律,不迟到不早退,有事请假。

(4) 进入实验室要求穿白大褂。

(5) 学生应提前5~10分钟进入实验室,并携带实验指导、教科书、绘图用具、实验报告等。领取实验标本并检查是否齐全、完整,若有问题,及时报告老师。

(6) 实验过程中注意安全。

(7) 实验中执行操作规程,爱护实验器材,不准私自拆卸、修理显微镜。实验标本若有损坏,及时报告老师,按规定处理。

(8) 认真完成实验任务和实验作业。

(9) 实验完毕后,将切片按编号放回切片盒,并送交老师。

(10) 实验结束,将所有实验仪器整理清洁后放在指定位置,关闭水源、电源及门窗等,老师检查合格后方能离去。

(11) 值日生做好卫生工作。

二、学习方法

(一) 光镜标本的观察

(1) 观察切片时必须从低倍到高倍,循序进行。

（2）掌握细胞、组织和器官的一般结构规律以及各自的结构特征,正确鉴别它们,并进一步联系其功能。

（3）在观察过程中,注意切片染色的特点（一般观察切片常用 HE 染色）,同一结构应用不同的染色方法,所显示的颜色不同,而一种染色方法不可能显示细胞或组织的所有结构,必须通过多种相应的染色方法来补充和完善。

（4）理论课总是以全面和立体的观点进行讲解,但在组织切片上却是切面图像。观察切片时应注意切片的不同切面（如纵切、横切、斜切等）和整体的关系,建立起各种结构的立体概念。

（5）实验时参照《实验指导》,结合挂图和教课书插图,仔细观察切片,注意分析、归纳和比较。

（6）要注意人工伪像的识别,活细胞或活组织在制片过程中会受到某些因素的影响,如脂肪细胞的脂滴被溶解后形成空泡,软骨细胞的皱缩现象,组织结构间的裂隙及染料残渣、刀痕、气泡等都属于人工伪像。

（7）从整体观念,动态观念学习胚胎学。要注意模型、标本发生的具体时间和地点,胚胎本身的变化及其与周围环境的关系,培养高度理解力和想象力。

（二）绘图的基本要求

绘图是组织学实验中一项重要的基本技能,在反复认真观察的基础上,通过绘图注字,可加深对所学内容的理解与记忆。

1. 用具

携带红、蓝、黑三种颜色的铅笔和直尺。

2. 要求

① 科学:所绘结构和文字说明应清楚,准确无误。

② 真实:力求反映镜下所见的结构,颜色应尽量与其相应。

③ 特征:图中要突出所观察细胞、组织和器官的特征性结构。

④ 艺术:页面设计、大小比例、颜色深浅等要合理适当,具有艺术感。

3. 方法

① 选择结构:用低倍镜或高倍镜全面观察后,选择能代表该组织或器官构造特点的典型部位绘图。

② 确定画面大小。

③ 绘图:用彩笔按观察内容的大小比例和形状绘图。

④ 注字:将各种结构引出标线,用黑色铅笔注明内容,图下面应注明标本名称、取材部位、染色方法和放大倍数。

三、组织学与胚胎学研究方法

光学显微镜(简称光镜)技术

显微镜是组织学与胚胎学实验的必需仪器,主要用于切片标本的观察,常用的为光学显微镜。

1. 光学显微镜的构造(如图1-1)

显微镜的基本结构可分为机械装置和光学系统两部分。

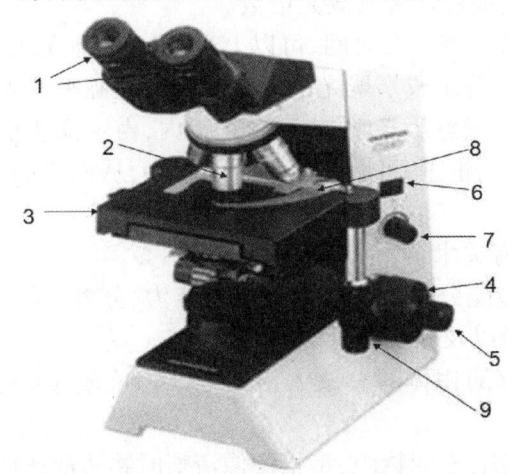

图1-1 双目显微镜的构造
1. 目镜 2. 物镜 3. 载物台 4. 粗调节螺旋 5. 细调节螺旋
6. 电源开关 7. 亮度调节钮 8. 标本夹 9. 标本移动器

(1)机械装置,由下列部件组成:镜座、镜臂、物镜转换器、载物台、移动器、粗调焦器(粗调节螺旋)、细调焦器(细调节螺旋)。

① 镜座:是显微镜的基座,用以支撑整个镜体。

② 镜臂:呈弓形,立于镜座的上端。

③ 物镜转换器:用来安装和转换物镜,可转动,以更换不同放大倍数的物镜,分为四孔式、五孔式等。物镜转换器的精度要求:同轴和齐焦。同轴,是指每个物镜被定位即调入光路后,物镜和目镜的光轴应在一条直线上;齐焦,是指用低倍物镜调焦后,从低倍转换到高倍物镜,无须使用粗调,即可初见物像(允许细调)。

④ 载物台与移动器:载物台是放置玻片标本的平台。台面中央有一个圆形的通光孔。常用带移动器式。标本夹入移动器后,用移动器的横向和纵向调节旋钮,上下左右移动,观察标本十分方便。

⑤ 粗调焦器(粗调节螺旋):它是最大的一个螺旋,是用来快速调焦的装置,用以首先寻得某种大致的焦点。

⑥ 细调焦器(细调节螺旋)：是精细调焦的一种慢动装置。用以缓慢地移动物镜,使物体达到精确的焦点。

（2）光学系统包括目镜、物镜、聚光器等。

① 物镜:把观察的物体作第一次放大。一般有4倍、10倍、40倍和100倍(油镜)。镜外壳上刻的数字表示每个物镜的放大倍数。4倍和10倍为低倍镜,40倍为高倍镜,100倍为油镜。

② 目镜:对物镜放大后的像作进一步的放大,使人眼睛能够清楚地观察标本。一般有4倍、10倍等。目镜上面标注着其放大倍数。

③ 聚光器:位于光源与载物台之间,可以上升(最大照明),也可以下降(最小照明)。由聚光镜和可变光阑两部分组成。聚光镜的作用是将光源来的光线汇聚到标本上,以便观察。可变光阑又叫光圈或虹彩光阑,位于聚光镜内,由十几块金属薄片组成,中央通光孔为圆形,移动可变光阑的把手,可调节通光孔的大小,从而增加或减少通过聚光镜的光线量。

（3）光学显微镜的有关术语。

① 分辨率:指显微镜能分辨物体最小间隔的能力,分辨率的大小决定于光的波长和数值孔径(又称:镜口率)以及介质的折射率。

② 放大倍数:所观察的物体的总放大倍数等于物镜放大倍数和目镜放大倍数的乘积。

③ 显微镜的工作距离:也叫物距,是指图像清晰时物镜前透镜与载玻片之间的距离。物镜的放大倍数越大,工作距离就越小。

④ 数值孔径:是决定物镜和聚光镜的重要参数。其数值的大小,分别标在物镜和聚光镜的外壳上。数值孔径越大,分辨率越高。

⑤ 景深:显微镜在视场直径内观察到的物体表面凸起的位置与凹下的位置都能够看得很清楚时,凸点与凹点之间的高度差就是景深,景深越大,观察高低不平的物体表面时,能够得到更好更立体的清晰画面。放大倍数越小,景深越大。孔径数值越大,景深越小。

⑥ 焦深:当焦点对准一物体点时,不仅位于该点平面上的各点都能看清楚,而且在此平面上下一定厚度内,也能看得清楚,这个清晰部分的厚度就是焦深,孔径数值越大,焦深越小。

⑦ 显微镜的视场:是显微镜观测所看到的范围,与显微镜的总放大倍数成反比,显微镜的放大倍数越大,视场愈小。

2. 制片方法的种类

组织制片可分为组织切片法和组织非切片法两类。组织切片法是根据所用支持物质的不同而分,包括:石蜡包埋切片、冰冻切片和火棉胶包埋切片等。组织非切片法是指组织不经切片而直接制作成标本的方法,包括:涂片、铺片、压片、磨片、分离标本、活体标本、整体装片标本、血管注射标本等。

(1) 涂片法:将组织成分涂抹于载玻片上,经染色后制成的标本。如血液、精液、阴道脱落细胞等的涂片标本。

(2) 铺片法:将膜状组织用手工方法伸展后平铺于载玻片上,经固定、染色等程序制成的标本。如大网膜铺片、皮下组织铺片、肠系膜铺片等。

(3) 压片法:先将组织制成较小的块状或撕碎,然后经化学药物软化、染色,再用盖玻片平压于载玻片上制成的标本。如运动终板等。

(4) 磨片法:不经脱钙和切片,直接用手工在磨石上磨成薄片,染色或不染色,然后封固制成标本。如骨磨片、牙磨片等。

(5) 分离标本:将组织分离成小块,浸入化学药品分离液中,溶去细胞间质,再用机械分离方法(如振荡)使小块组织分离成单个而又完整的细胞,染色后涂于载玻片上,然后封固制成标本。如肌纤维、神经元等。

(6) 活体标本:将观察标本取下后置于载玻片上,滴加生理盐水,然后在显微镜下进行观察。如精子的运动等。

(7) 整体装片标本:将发育至某一阶段的胚胎整体取出,经固定、染色后,封固制成标本。如鸡胚等。

(8) 血管注射标本:将有色物质注入血管,然后取材、固定、包埋、切片、封固,制成标本。如肝、肾等血管注射切片标本。

【目的和要求】

1. 掌握普通光学显微镜的结构和使用方法。
2. 掌握 HE 染色标本的染色特点,了解 HE 染色的过程;了解几种特殊染色方法。
3. 了解透射电镜的结构,标本制作方法和染色特点;学会观察透射电镜照片。

【实习内容】

一、显微镜的使用方法

(1) 取出显微镜:拿显微镜时必须一手握住镜臂,另一手托住镜座,以避免反光镜及目镜脱落。

(2) 使用前检查与准备:将显微镜置于座位的前方偏左侧,检查有无零件缺损,粗细调节螺旋是否松紧适宜,镜头有无污点,发现问题及时报告。

(3) 对光:端坐挺直,两眼自然睁开观察,先将低倍镜正对下方,旋转反光镜将外来光线反射入集光器内,从目镜观察,直至视野光线明亮均匀。如亮度不够,则应提高集光器或开大虹彩。

(4) 放置标本：取出要看的标本，看清楚正反面，盖玻片向上、平放于载物台上，用推进器固定好，将有器官组织部分对准集光器中心。

(5) 低倍镜观察：慢慢转动粗调节螺旋，从侧方观察使低倍镜头下降至距离标本0.5cm高度，然后用双眼在目镜处观察。同时用手转动粗调节螺旋，提高镜筒，直至视野内物像清晰为止。

(6) 高倍镜观察：应先在低倍镜下把要观察的部分移至视野中央，再转换高倍镜，转动细调节螺旋使物像清晰。

(7) 观察完毕后处理：观察完毕后，将镜筒上升，切片按编号放入盒内，显微镜放入镜箱内。

二、光学显微镜标本制作方法

光学显微镜的标本制作方法很多，常用的有：分离法、涂片法、压片法、铺片法、磨片法、血管注射法、切片法，多数都经过染色后才在镜下观察。石蜡包埋切片与HE染色是常规组织学标本的制作方法。

石蜡切片与HE染色法

(1) 取材：所取组织材料要新鲜，要在动物死后最短时间内取材，以保证不发生死后变化。组织块厚度不超过0.5cm。

(2) 固定：将组织块浸入固定液中进行固定，以保持原来的结构。最常用的固定液为Bouin液、10%福尔马林(formalin)、Susa、Zenker。固定时间一般为3~24小时（根据固定液的种类、组织块的种类和大小而定）。

(3) 制成蜡块。

① 脱水：为了减少组织强度收缩，脱水过程应从低浓度乙醇开始，在70%、80%、90%、95%的乙醇中各浸6~12小时，100%乙醇中3~4小时。

② 透明：在二甲苯内使组织块透明为止。

③ 浸蜡：透明后的组织块放入融化的石蜡中（56℃~60℃），浸2~3小时，使石蜡充分浸入组织内部。

④ 包埋：为了使组织能切成薄片，将融化的石蜡倒入用金属或硬纸制成的包埋框中，再将浸蜡后的组织块放入包埋框内，待石蜡凝固，此即石蜡包埋法。

(4) 切片和贴片：蜡块经过一定的修理，安装在切片机上切片，普通切片厚5 μm，用蛋白甘油把切片贴在洁净的玻片上。

(5) 染色：最常用的染色方法是用苏木精和伊红染色，简称HE染色。

(6) 染色过程。

① 去除石蜡：常温下浸入二甲苯40~60分钟。

② 去除二甲苯：依次浸入100%、95%、90%、80%、70%乙醇中各约3~5分钟。

③ 去乙醇：蒸馏水洗5分钟。

④ 苏木精液:染5~10分钟,标本呈淡紫蓝色。
⑤ 分色:0.5%盐酸-乙醇分化数秒,至标本变为淡蓝色。
⑥ 返蓝:流水冲洗约30分钟,镜检细胞质无色或淡蓝色,细胞核紫蓝色。
⑦ 脱水:依次在70%、80%、90%、95%乙醇中脱水。
⑧ 伊红(乙醇-伊红):染1分钟。细胞质(嗜酸性)被染成粉红色。95%乙醇分色。100%乙醇脱水二次,各5分钟。
⑨ 透明:乙醇-二甲苯,5分钟;二甲苯两次,各5分钟。
⑩ 封片:将透明的标本用树胶加盖封固。

(7) 染色特点:细胞核嗜碱性被染成蓝紫色,细胞质嗜酸性被染成粉红色。

三、电子显微镜标本制作方法

透射电子显微镜,放大倍数可达一百万倍。透射电镜是发展最早、应用最广、分辨本领最高的电镜。下面简单介绍透射电镜生物样品的制作技术。

在透射电镜生物样品的制备技术中,超薄切片技术最为重要。所谓"超薄切片"是指切片厚度一般要在50~70nm左右。超薄切片制备过程包括取材、固定、脱水、渗透、包埋、聚合切片和染色等几个步骤。

1. 取材与固定

一般将动物麻醉或急速处死,在1~2分钟内解剖出所需器官,用锋利刀片取下$1mm^3$的小块,迅速放入冷的2%~4%的戊二醛磷酸缓冲液(0.1M,pH7.4)的固定液中预固定2~12小时以上,在4℃进行,然后用0.1M磷酸缓冲液冲洗。再入1%四氧化锇二次固定,1~2小时后用0.1M磷酸缓冲液冲洗数次。

2. 脱水

脱水是指以适当有机溶剂取代组织细胞中游离的水,因水分存在会使组织结构在电镜高真空状态下急骤收缩而遭到破坏,因此脱水是一个很重要的步骤。常用脱水剂是乙醇和丙酮。脱水程序是:

30%乙醇或丙酮5~10分钟;
50%乙醇或丙酮5~10分钟;
70%乙醇或丙酮5~10分钟;
90%乙醇或丙酮5~15分钟;
100%乙醇或丙酮3次,每次5~10分钟。

3. 渗透、包埋与聚合

因乙醇比丙酮对脂类物质的抽提少,不易使组织变硬、变脆,故常用它脱水,然而乙醇不易和包埋的环氧树脂相混合,为此包埋前要用"中间脱水剂"环氧丙烷过渡,直到进入纯的Epon812环氧树脂中渗透,即可进行包埋。把浸透后的样品挑入装有包埋剂的空心胶囊或多孔橡胶模板中,然后放入80℃温箱中聚合24~36小时即可。

4. 超薄切片

这是为电镜观察提供极薄切片样品的关键性步骤。标准的超薄切片应是厚度适中、均匀、平整、无刀痕、无颤纹和皱褶,制作这样的切片是超薄切片技术的中心环节。

5. 染色

电镜所用染色剂是铀盐和铅盐。铀离子可以与大多数细胞成分结合,特别易和核酸结合,而且染色比较细致真实,不易出现沉淀颗粒。铅离子对细胞和组织各种结构都有亲和力,易与蛋白质结合,尤其对不能被四氧化锇染色的糖元更有染色作用。

【思考题】

1. 简述 HE 染色的定义和特点。
2. 简述嗜碱性的原理和定义。
3. 简述嗜酸性的原理和定义。

第 2 章 上 皮 组 织

【导读】

上皮组织(epithelial tissue)简称上皮,是覆盖于体表、有腔器官内表面和腺体的一种基本组织,主要是由大量的形状较规则的细胞和少量的细胞外基质构成。上皮组织具有以下四点结构特征:a.细胞比较多且排列紧密;b.细胞外基质少;c.上皮组织的细胞具有明显的极性:朝向体表或者有腔器官的腔面为上皮组织的游离面,同游离面相对、借一层基膜与结缔组织相连的一面为基底面,游离面和基底面在结构和功能上具有比较明显的区别;d.上皮组织内无血管分布,但神经末梢丰富,细胞所需的营养主要由其深部结缔组织内的血管透过基膜来供应。根据其功能,上皮组织主要分为被覆上皮和腺上皮两大类,其主要功能为保护、吸收、分泌和排泄等。

1. 被覆上皮

被覆上皮(covering epithelium)是指覆盖于身体的表面,衬贴在体腔和有腔器官内表面的上皮。被覆上皮是根据细胞的层数和垂直切面上细胞的形状而进行分类的。若上皮仅由一层细胞构成则称之为单层上皮,由两层或两层以上的细胞构成则称之为复层上皮。根据构成上皮的细胞层次和细胞的形状,被覆上皮的分类和分布如下图 2-1 所示。

```
                    ┌ 内皮:主要分布于循环系统
          ┌ 单层扁平上皮 ┤ 间皮:主要分布于体腔
          │           └ 其他:主要分布于肺泡、肾小囊
单层上皮 ┤ 单层立方上皮  主要分布于肾小管和甲状腺滤泡等
          │ 单层柱状上皮  主要分布于胃、肠、胆囊和子宫等
          └ 假复层纤毛柱状上皮  主要分布于呼吸管道等

          ┌ 复层扁平上皮 ┬ 未角化的:主要分布于口腔、食管等
          │           └ 角化的:主要分布于表皮
复层上皮 ┤ 复层柱状上皮  主要分布于眼睑结膜、男性尿道
          └ 变移上皮    主要分布于肾盏、肾盂、输尿管、膀胱
```

图 2-1 被覆上皮的分类和分布

(1) 单层扁平上皮(simple squamous epithelium)，又称单层鳞状上皮，由单层扁平的细胞构成。分布于循环系统内表面的单层扁平上皮称为内皮，分布于胸膜、腹膜和心包膜表面的单层扁平上皮称为间皮。

(2) 单层立方上皮(simple cuboidal epithelium)，由单层立方形的细胞构成。表面观，细胞呈多角形或六角形。垂直观，细胞为立方形，核圆且居中。

(3) 单层柱状上皮(simple columnar epithelium)，由单层的柱状细胞构成。表面观，细胞呈多角形或六角形。垂直观，细胞呈柱状，核椭圆，多靠近基底。

(4) 假复层纤毛柱状上皮(pseudostratified ciliated columnar epithelium)，细胞形式多样，主要由柱状细胞、梭形细胞、锥形细胞和杯状细胞构成。

(5) 复层扁平上皮(stratified squamous epithelium)，又称为复层鳞状上皮，由多层细胞构成。基底层细胞呈矮柱状，中间层细胞呈梭形或多边形；表层为多层扁平细胞，表层细胞逐渐退化，且不断脱落。

(6) 复层柱状上皮(stratified columnar epithelium)，由多层细胞构成。复层柱状上皮是由浅层的柱状细胞和深层的多边形细胞构成。

(7) 变移上皮(transitional epithelium)，由多层细胞构成，包括表层细胞、中间层细胞和基底细胞。变移上皮的特点为细胞形状与层数可随器官的空虚和扩张状态而变化。

2. 上皮组织的特化结构

上皮细胞具有极性，为了适应其功能，在上皮细胞的各个面常形成许多特化结构。

(1) 游离面：游离面的特化结构有微绒毛(microvillus)和纤毛(cilium)。微绒毛是指游离面细胞膜和部分胞质共同伸出形成的细小指状突起，电镜下才可辨认，密集排列时在高倍镜下表现为纹状缘(striated border)或刷状缘(brush border)。其功能为扩大细胞表面积，与吸收功能有密切的关系。纤毛是指游离面伸出的粗而长的突起，光镜下可见。纤毛主要分布于呼吸道、输卵管等处，纤毛节可节律性定向规律地摆动，从而排出分泌物、异物和细菌等。

(2) 侧面：细胞侧面的特化结构为细胞连接。从上到下，有紧密连接(tight junction)、中间连接(intermediate junction)、桥粒(desmosome)和缝隙连接(gap junction)。

(3) 基底面：特化结构有基膜(basement membrane)、质膜内褶(plasma membrane infolding)和半桥粒(hemidesmosome)。

【目的和要求】

1. 掌握上皮组织的一般特点和分类。
2. 掌握被覆上皮的分类、分布和结构特点，掌握上皮组织的特化结构。
3. 能够辨认单层扁平上皮、单层立方上皮、单层柱状上皮、假复层纤毛柱状上皮、复层扁平上皮和变移上皮。

第 2 章 上皮组织

4. 了解腺上皮和外分泌腺的一般结构。

【实习内容】

切片观察

1. 间皮

【材料和方法】蛙的肠系膜铺片,硝酸银染色。

【肉眼观察】标本为棕黄色,且着色不均匀。

【高倍镜观察】(附图 2-1)细胞之间的棕黑色线为相邻细胞的界线和细胞间质,细胞呈多边形,边缘呈锯齿状互相嵌合。细胞质呈淡黄色,细胞核圆或椭圆形,不着色。

2. 单层立方上皮

【材料和方法】狗的甲状腺和甲状旁腺,石蜡切片,HE 染色。

【肉眼观察】切片中浅红色的大片组织为甲状腺,其表面有浅红色的被膜。紫红色的小块椭圆形组织为甲状旁腺。

【低倍镜观察】(附图 2-2)甲状腺的实质部分是由许多大小不等的呈圆形或不规则形的甲状腺滤泡组成,甲状腺滤泡的壁是由单层立方上皮包绕,滤泡中央为滤泡腔,充满腔内的红色的物质为胶质。

【高倍镜观察】(附图 2-3)选择滤泡来观察。滤泡壁上皮细胞呈立方形,细胞界限清楚,胞质着色较浅,为粉红色,核圆、染色较深,位于细胞中央。滤泡周围的基膜不明显。

3. 单层柱状上皮

【材料和方法】空肠,石蜡切片,HE 染色。

【肉眼观察】标本呈长条状,空肠是一管道器官,凹凸不平的那面为腔面,腔面有几个大的突起,为环行皱襞的横切面,皱襞表面的一层染成蓝色的结构为单层柱状上皮。

【低倍镜观察】在空肠的腔面可见许多不规则的细小突起,即小肠绒毛,绒毛的表面覆以单层柱状上皮。

【高倍镜观察】(附图 2-4)上皮细胞呈柱状。核呈长椭圆形,位于细胞的近基底部,核的长轴与细胞的长轴平行。细胞质染成粉红色。在细胞的游离面有一层染成红色且厚度均一的膜状结构为纹状缘,纹状缘是由电镜下所见的微绒毛构成的。在柱状细胞之间,可见散在的顶部较大、底部较窄、形似高脚杯状的细胞为杯状细胞。杯状细胞的核染色较深,位于基底部。

4. 假复层纤毛柱状上皮

【材料和方法】气管,石蜡切片,HE 染色。

【肉眼观察】标本为气管的横切面,呈圆形、半弧形或长条状。在管腔最内面或半弧形标本的凹面或长条状标本的一侧可见染成蓝紫色的一层结构即是假复层纤毛柱状上皮。

【低倍镜观察】上皮表面可见纤毛。假复层纤毛柱状上皮的游离面和基底面都比较整齐,细胞排列比较紧密,细胞核的位置不在同一平面,形似复层,但细胞基底面均附于基膜(基底面可见的一条均质粉红的结构)。

【高倍镜观察】(附图2-5)上皮细胞形状大小不同,细胞之间界限不清。细胞核位置深浅不一。上皮的游离面有纤毛,下方有比较明显的基膜,均质状,呈粉红色。上皮中可见杯状细胞。

上皮细胞可分为以下几类。

① 柱状细胞:数目最多,呈柱状,游离面有纤毛,顶端达上皮的游离面。细胞核椭圆形,多位于细胞的上部,柱状细胞排列在上皮的浅层。

② 梭形细胞:位于柱状细胞之间,两端尖细而中间较粗的细胞,即胞体呈梭形,细胞核呈椭圆形,位于细胞的中央,梭形细胞位于上皮的中层。

③ 基底细胞(锥形细胞):胞体矮小、锥体形,核圆形位于细胞中央,为上皮中贴近基膜的一层细胞,细胞的顶端不达腔面。

④ 杯状细胞:可见散在的杯状细胞,存在于柱状细胞之间。

5. 复层扁平上皮

【材料和方法】食管横断面,石蜡切片,HE染色。

【肉眼观察】标本为食管的横切面,呈管状,管腔面凹凸不平,是由于食管有纵行皱襞而呈不规则形,紧贴腔面的一层紫蓝色组织即为复层扁平上皮。

【低倍镜观察】(附图2-6)食管上皮为未角化的复层扁平上皮,由多层细胞组成,且各层细胞的形态是不同的。上皮基底部与结缔组织交界处高低不平,呈波浪状,结缔组织呈乳头状突起深入上皮组织。

【高倍镜观察】(附图2-7)从基膜开始,由基底面到游离面依次观察各层细胞的形态。

① 基底层细胞:为位于基膜上的一层细胞,细胞呈矮柱状,细胞较小,细胞核为椭圆形,位于细胞基部,细胞界限不清楚。基底层细胞比较幼稚,且具有较强的分裂增殖能力。

② 中间层细胞:为数层多边形细胞,细胞比较大,核呈圆形,细胞界限逐渐清楚,近表层细胞逐渐变扁,核呈椭圆形。

③ 表层细胞:为最表面多层细胞,细胞扁平,核呈扁平形。细胞间无明显界限。

6. 变移上皮

【材料和方法】膀胱,石蜡切片,HE染色。

【肉眼观察】标本为两条厚薄不一的组织,厚的一条为收缩状态膀胱壁的切片,凹凸不平的一面为腔面,内衬蓝紫色的结构是变移上皮,薄的一条为扩张状态膀胱壁的切片。

(1) 收缩期。

【低倍镜观察】膀胱壁一侧凹凸不平的为腔面,腔面最表面细胞排列密集的是变移上皮,上皮由多层细胞组成,与结缔组织的连接面较平。

【高倍镜观察】收缩期(附图2-8),可见上皮细胞层次较多,5~6层细胞,各层细胞形态也不同:基底层的细胞呈立方形或矮柱状;中间层细胞为数层,呈多边形;表层细胞又称为盖细胞,体积大,呈立方形,有的含2个核,表面胞浆浓缩,着色深,具有防止尿液侵蚀的作用。

(2)扩张期(附图2-9):扩张期的膀胱上皮较薄,游离面和基底面均较平整,只有2~3层细胞,细胞呈扁平或不规则形。

【思考题】

1. 试述上皮组织的特点及分类。
2. 试述各类上皮的结构特点、分布和功能。
3. 上皮组织有哪些特殊结构?
4. 何谓腺上皮和腺体?

第3章 固有结缔组织

【导读】

结缔组织(connective tissue)是人体内分布最为广泛的一种组织。结缔组织是由细胞和细胞外基质也叫细胞间质组成的。结缔组织的特点为：a. 细胞数量少、种类多、形态各异、且无极性；b. 细胞外基质多，包括纤维、基质和组织液；c. 结缔组织来源于胚胎时期中胚层的间充质。广义的结缔组织可以分为三大类：液态的血液和淋巴，固态的骨和软骨，半固态的固有结缔组织。固有结缔组织就是一般意义上的结缔组织，即狭义的结缔组织，分为四类：疏松结缔组织、致密结缔组织、脂肪组织和网状组织。本次实验课主要学习的内容就是固有结缔组织。结缔组织分布非常广泛，具有支持、连接、保护、营养、运输、防御和修复等功能。

1. 疏松结缔组织(loose connective tissue)

疏松结缔组织由于其结构疏松，呈蜂窝状，故称作蜂窝组织。疏松结缔组织的特点是细胞种类很多，基质里面纤维数量比较少，且纤维排列比较稀疏。疏松结缔组织分布非常广泛，在各种器官和组织里面均存在疏松结缔组织。其功能为连接、支持、防御和修复等。其构成见下图3-1所示。

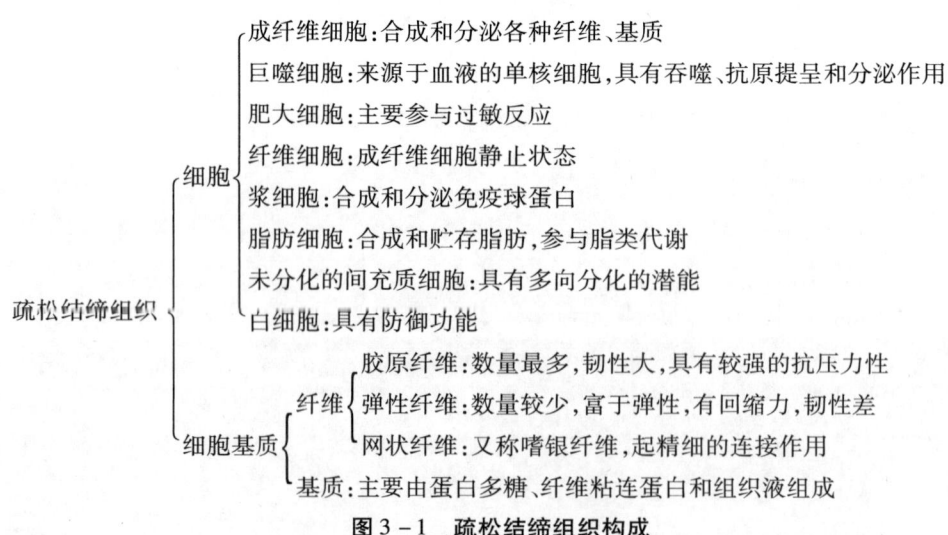

图3-1 疏松结缔组织构成

2. 致密结缔组织(dense connective tissue)

致密结缔组织纤维比较多,以纤维为主要成分,且纤维粗大,排列致密。主要起到支持、连接的作用。根据纤维排列方式的不同,致密结缔组织可以分为三类:第一类是规则的致密结缔组织,纤维按照受力的方向排列成束,存在于肌腱和腱膜中;第二类是不规则致密结缔组织,这类胶原纤维彼此交织成致密的板层结构,主要存在于真皮、硬脑膜和巩膜等器官内;第三类是弹性组织,此类主要的纤维是弹性纤维,主要存在于项韧带、黄韧带中。

3. 脂肪组织(adipose tissue)

脂肪组织主要由大量聚集的脂肪细胞组成,由疏松结缔组织分隔成小叶。根据脂肪细胞的结构和功能,脂肪组织可分为黄色脂肪组织和棕色脂肪组织两类。黄色脂肪组织新鲜时呈黄色或白色,通常所说的脂肪组织就是指黄色脂肪组织。

4. 网状组织(reticular tissue)

网状组织由网状细胞和网状纤维构成,网状细胞是有多突起的星形细胞,可产生网状纤维,相邻细胞的突起连接成网,同时网状纤维交织成网,成为网状细胞依附的支架。主要分布于造血组织和淋巴组织。

【目的和要求】

1. 掌握结缔组织的一般特点及分类。
2. 掌握疏松结缔组织细胞和细胞基质各种成分的结构和功能。
3. 了解致密结缔组织、脂肪组织和网状组织的基本结构。

【实习内容】

一、切片观察

1. 疏松结缔组织铺片

【材料和方法】兔皮下结缔组织,活体注射加 Weigter 弹性纤维染色,伊红复染。

【肉眼观察】肉眼可见标本为紫红色的不规则的组织块。

【低倍镜观察】选择标本中最薄且最清晰的部位进行观察,可见纤维和深染的细胞。呈粉红色且较粗的纤维为胶原纤维,胶原纤维之间呈紫色且较细的纤维为弹性纤维。

【高倍镜观察】(附图3-1)可见纤维纵横交错,排列疏松。数量较多,呈浅粉色且较粗的带状纤维为胶原纤维;呈紫红色且较细的纤维为弹性纤维,末端分支并卷曲。在纤维与纤维之间分布有许多的细胞。

(1) 成纤维细胞(fibroblast):在结缔组织中数量最多,胞体较大,细胞扁平,多突起呈星形,界限不清,胞质弱嗜碱性,胞核大,呈椭圆形,染色较浅,核仁清楚,常沿纤维散在分布。

（2）巨噬细胞（macrophage）：分布广泛,细胞形态多样,多为不规则形或圆形,有伪足。胞质丰富,嗜酸性,胞质内可见被吞噬的大小不等的蓝色颗粒,核小而圆,染色深,核仁不明显。

（3）肥大细胞（mast cell）：细胞较大,呈圆形或卵圆形,胞质内含有大小不等、分布均匀的紫色颗粒。

2. 疏松结缔组织切片

【材料和方法】食管横切面,HE 染色。

【低倍镜观察】找到食管壁的黏膜下层,即在复层扁平上皮与红色肌层之间的染色浅、结构疏松的部位。此处浅红色的胶原纤维已被切断,排列疏松,方向不一。细胞散在胶原纤维之间。

【高倍镜观察】浅红色的各种不同切面的胶原纤维交织成疏松的网。将光圈缩小,可见一些发亮的细的弹性纤维。纤维之间紫蓝色椭圆形的核,多为成纤维细胞的核。

3. 脂肪组织

【材料和方法】皮下脂肪,HE 染色。

【低倍镜观察】在致密结缔组织的深层,可见很多白泡状的细胞团,即脂肪组织。少量结缔组织将这些脂肪细胞分为若干小叶。

【高倍镜观察】（附图 3-2）脂肪细胞体积大,呈圆形,胞质内充满脂滴。在制片过程中因胞质内脂滴被乙醇溶解,故呈空泡状；细胞核与少量胞质被脂滴挤到细胞的一侧。

二、示教切片

1. 肥大细胞

【材料和方法】皮下组织,甲苯胺蓝染色。

【光镜观察】（附图 3-3）肥大细胞为被染成蓝色的圆形或椭圆形细胞,常群聚或排列成纵行,细胞体积较大,胞质内充满密集的蓝紫色颗粒,大小均匀,胞核小而圆,位于细胞中央,不易着色。

2. 不规则致密结缔组织（真皮）

【材料和方法】人指皮,HE 染色。

【肉眼观察】表面染成紫蓝色的薄层为表皮,其下方淡红色部分为真皮。

【光镜观察】（附图 3-4）真皮主要为不规则的致密结缔组织,胶原纤维束粗大、交织成致密的网,故切片中可见纤维的纵、横、斜各种切面。细胞成分少,散在纤维束之间,多为成纤维细胞和纤维细胞,在此仅见其细胞核。

3. 规则致密结缔组织（肌腱）

【材料和方法】人肌腱（纵断）,HE 染色。

【光镜观察】（附图3-5）肌腱由规则的致密结缔组织构成，大量密集的胶原纤维平行排列成束，纤维束之间有成行且平行排列的成纤维细胞即腱细胞，细胞界限不清，略呈长方形，核椭圆形，常因细胞分裂而两个并列。

【思考题】

1. 在HE染色的结缔组织切片中，哪些成分不能见到，为什么？
2. 从浆细胞超微结构特点来说明其光镜所见，并推出其功能表现。
3. 为什么结缔组织的多种细胞都要在不同的切片上来观察？以此说明其细胞分布、来源和功能的特性。
4. 说明巨噬细胞的结构和功能。

第 4 章 血 液

【导读】

血液(blood)是在心血管内循环流动的液态结缔组织。健康成年人血液(外周血)总量约为 5L,占体重的 7% 左右。在采集的血液中加入适量的抗凝剂(如肝素或枸橼酸钠),经过自然沉降或离心沉淀后,血液可分为三层:上层为淡黄色的血浆,约占 55%;下层为红细胞(血细胞),约占 44%;中间层为白细胞和血小板,约占 1%。所以血液主要由血细胞和血浆组成。血细胞的形态、数量、比例和血红蛋白含量的测定结果称为血象。通常采用 Wright 或 Giemsa 染色的血涂片进行血细胞形态结构的光镜观察。血液的组成如下图 4-1 所示。

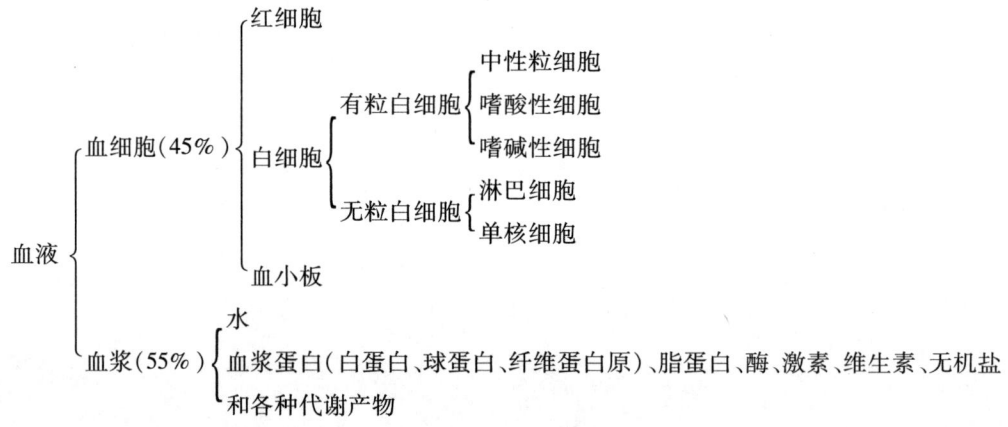

图 4-1 血液的组成

1. 红细胞(erythrocyte, RBC)

红细胞的正常值:男性为 $(4.0 \sim 5.5) \times 10^{12}/L$,女性为 $(3.5 \sim 5.0) \times 10^{12}/L$。红细胞的形态为中央较薄,周边较厚的双凹圆盘状,红细胞平均直径为 $7.5\ \mu m$,表面积 $140\ \mu m^2$。红细胞的这种形态增加了其表面积,从而有利于气体的交换。红细胞膜具有弹性和可塑性,易发生变形运动。成熟的红细胞没有细胞核和细胞器,但其胞质内充满血红蛋白(hemoglobin, Hb)。Hb 的正常值是男性 $120 \sim 150\ g/L$,女性 $110 \sim 140\ g/L$,其功能是结

合和运输 O_2 和 CO_2。红细胞骨架是由血影蛋白和肌动蛋白构成的能改变形状的圆盘状结构，ABO 血型抗原系统是镶嵌于红细胞膜上的蛋白质，红细胞的平均寿命约为 120 天。从骨髓进入血液的新生的、没有完全成熟的红细胞，细胞质内有少量的核糖体，被煌焦油蓝染成细网状，称之为网织红细胞。其数量占红细胞总数的 0.5%~1.5%，网织红细胞的数量可以反映骨髓的造血功能，具有重要的临床意义。

2. 白细胞(leukocyte, white blood cell, WBC)

白细胞属于球形有核的细胞，其正常值为 $(4.0~10)\times10^9/L$。白细胞具有变形运动，防御和免疫等功能。按照白细胞的胞质内有无特殊颗粒，白细胞被分为有粒白细胞和无粒白细胞，有粒白细胞又分为中性粒细胞、嗜酸性粒细胞和嗜碱性粒细胞，无粒白细胞包括单核细胞和淋巴细胞。

(1) 中性粒细胞(neutrophilic granulocyte, neutrophil)。中性粒细胞的数量最多，约占白细胞总数的 50%~70%。中性粒细胞呈球形，直径为 10~12 μm，核为杆状或分叶状。分叶核一般分为 2~5 叶，正常人以 2~3 叶者居多，胞质内含有大量的细小的颗粒，其中嗜天青颗粒占 20%，特殊颗粒占 80%。

(2) 嗜酸性粒细胞(eosinophilic granulocyte, eosinophil)。嗜酸性粒细胞数量较少，约占白细胞总数的 0.5%~3%。细胞体积较大，直径为 10~15 μm，细胞核多为 2 叶(八字形核)。胞质内充满粗大均匀的鲜红色的嗜酸性颗粒，此颗粒属于溶酶体，除一般溶酶体酶外，还含有组胺酶、芳基硫酸酯酶和阳离子蛋白。嗜酸性粒细胞能做变形运动，具有趋化性，并能抑制过敏反应，且阳离子蛋白有很强的杀灭寄生虫的作用。

(3) 嗜碱性粒细胞(basophilic granulocyte, basophil)。嗜碱性粒细胞数量最少，约占白细胞总数的 0%~1%。嗜碱性粒细胞多呈球形，直径为 10~12 μm，核分叶，或呈 S 型或不规则形。胞质含有嗜碱性颗粒，内含肝素、组胺和嗜酸性粒细胞趋化因子，胞质基质内含有白三烯。嗜碱性粒细胞主要参与过敏反应。

(4) 单核细胞(monocyte)。单核细胞约占白细胞总数的 3%~8%，属于体积最大的白细胞，直径为 14~20 μm。细胞核可呈肾形、马蹄铁形或扭曲折叠的不规则形。胞质丰富，呈弱嗜碱性(灰蓝色)，内含许多细小的嗜天青颗粒，含多种水解酶。单核细胞可以穿出血管壁转化为巨噬细胞，从而行使功能。

(5) 淋巴细胞(lymphocyte)。淋巴细胞数量较多，约占白细胞总数的 25%~30%。血液中的淋巴细胞大部分为小淋巴细胞，小部分为中淋巴细胞，无大淋巴细胞。根据淋巴细胞的来源、形态及免疫功能，淋巴细胞可分为三类：a. 胸腺依赖淋巴细胞(thymus dependent lymphocyte, T 细胞)，产生于胸腺，占血液淋巴细胞的 75%，体积小，主要参与细胞免疫；b. 骨髓依赖淋巴细胞(bone marrow dependent lymphocyte, B 细胞)，产生于骨髓，占血液淋巴细胞的 10%~15%，体积较大，主要参与体液免疫；c. 自然杀伤淋巴细胞(nature killer cell, NK 细胞)，产生于骨髓，占血液淋巴细胞的 10%。

3. 血小板(blood platelet)

血小板为骨髓巨核细胞脱落的胞质小块,正常值为$(100\sim300)\times10^9$/L。血小板呈双凸圆盘状,直径 $2\sim4~\mu m$。血小板的功能是参与止血与凝血。

【目的和要求】

1. 掌握各种血细胞的结构、功能和正常值。
2. 了解各种血细胞发生中形态变化的基本规律。

【实习内容】

一、切片观察

血涂片

【材料和方法】人血液,涂片,Wright 染色。

【肉眼观察】标本为一红色血膜,镜下观察薄而均匀的部位。

【低倍镜观察】视野下可见大量的圆形、无核的红细胞,在红细胞之间可以看到胞体比较大、有核的白细胞。

【高倍镜观察】找到细胞均匀的视野进行观察,辨认红细胞、白细胞和血小板。无核,橘红色的细胞为红细胞,有核细胞即为白细胞,一般涂片尾部白细胞较多。

(1) 红细胞(附图 4-1):数目量多,呈圆盘状,无核,中央染色浅,周边染色深。有时可见多个红细胞叠在一起呈钱串状,即红细胞缗线。

(2) 白细胞:为有核细胞,在视野中数量较少。

① 中性粒细胞(附图 4-1):白细胞中数目最多的一种。细胞呈圆球形,胞质淡粉色,内有细小分布均匀的淡染颗粒。胞核蓝紫色,形态多样,有的为杆状核,有的为分叶核。

② 嗜酸性粒细胞(附图 4-1):数目较少,胞体较大,细胞呈圆形,胞质内充满粗大、均匀的橘红色颗粒——嗜酸性颗粒。核多分为两叶,呈"八"字形。

③ 嗜碱性粒细胞(附图 4-2):数目极少,胞体呈球形,胞质中有大小不等分布不均的蓝紫色颗粒——嗜碱性颗粒。核形状不规则或 S 型,染色淡,常被颗粒遮盖。

④ 单核细胞(附图 4-1):白细胞中体积最大的细胞,胞质丰富,呈灰蓝色,内有少量的嗜天青颗粒,核呈肾形、马蹄形或不规则形,常偏位,染色质呈细网状,着色浅。

⑤ 淋巴细胞(附图 4-1):数目较多,大小不等,多为小淋巴细胞。小淋巴细胞与红细胞大小相似。核大而圆,一侧有凹陷,染色深,胞质少,嗜碱性,染成蔚蓝色,内含少量嗜天青颗粒;中淋巴细胞核染色浅,胞质稍多。

（3）血小板：常聚集成群，较小，形态呈多角形，其周围胞质透明，略呈淡蓝色，中央部分有许多蓝紫色的颗粒。

二、示教切片

网织红细胞

【材料和方法】人血液，涂片，煌焦油蓝染色。

【光镜观察】（附图4-3）网织红细胞内可见蓝色的丝网状结构，此结构为细胞内残留的核糖体。

【思考题】

1. 为什么红细胞周边着色较深而中央着色较浅？
2. 在血涂片中看到哪些细胞有分叶核，其分叶的形式有几种？
3. 能否从细胞的数量、大小和核的形态来区分五种白细胞？

第5章 软骨和骨

【导读】

1. 软骨(cartilage)

软骨是由软骨组织和其周围的软骨膜构成。软骨组织是由软骨基质和软骨细胞组成。软骨的构成如下图5-1所示。

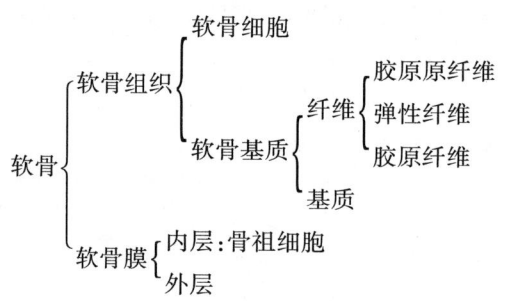

图5-1 软骨的构成

软骨细胞(chondrocyte)是软骨组织中的细胞,位于软骨基质内的小腔即软骨陷窝内,幼稚软骨细胞单个分布于软骨周边,比较小,呈扁圆形。软骨细胞越成熟越接近软骨的中央。2~8个成熟的软骨细胞聚集成群,是由一个软骨细胞分裂增殖而成,故称同源细胞群。

软骨基质(cartilage matrix)即为细胞外基质,由无定形基质和其中的纤维构成。软骨陷窝周围的基质含硫酸软骨素较多,嗜碱性强,染色深,称软骨囊。根据软骨基质所含纤维的不同,可将软骨分为透明软骨、纤维软骨和弹性软骨三种。

2. 骨(bone)

骨主要由骨组织、骨膜及骨髓等组成。

(1) 骨组织(osseous tissue)是骨的结构主体,由大量钙化的细胞外基质和细胞构成,钙化的细胞外基质称骨基质。骨的构成如下图5-2所示。

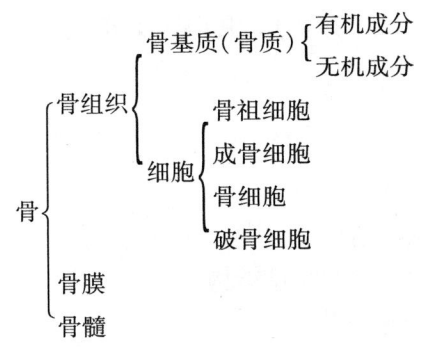

图 5-2 骨的构成

骨基质(bone matrix)为钙化的细胞外基质,由有机成分和无机成分构成。有机成分占骨干重的35%左右,其中含有大量的骨胶纤维;无机成分又称骨盐,占骨干重的65%左右,主要为羟基磷灰石结晶,呈细针状,长10~20nm,沿胶原原纤维长轴规则排列。有机成分和无机成分的紧密结合,使骨既坚硬又有韧性。

骨组织的细胞有以下几种。

骨祖细胞(osteoprogenitor cell):分布于骨膜,体积较小,呈梭形。骨祖细胞属于骨组织中的干细胞,能分化为成骨细胞和成软骨细胞。

成骨细胞(osteoblast):位于骨组织表面,常成层排列,细胞呈矮柱状。成骨细胞的功能为:分泌类骨质,释放基质小泡,促进类骨质钙化。成骨细胞被自身产生的骨质包埋,可转变为骨细胞。

骨细胞(osteocyte):单个分布于骨板内或骨板间,胞体较小,呈扁椭圆形,有许多细长的突起,胞质弱嗜碱性。骨细胞的胞体位于骨陷窝内,突起位于骨小管内。相邻骨细胞的突起以缝隙连接相连。

破骨细胞(osteoclast):数量比较少,常散在于骨组织边缘,是一种多核的大细胞,直径约100 μm,含有2~50个核。现认为它是由多个单核细胞融合而成。

(2) 长骨。长骨是由松质骨、密质骨、骨膜、骨髓及血管神经等构成。

骨干:密质骨为骨干的主要组成部分。

密质骨:主要分布于长骨的骨干和骨骺的外侧面,其骨板排列比较规则,根据骨板的排列方式可分为环骨板、骨单位和间骨板。

环骨板(circumferential lamella):是指环绕骨干外表面和内表面的骨板,分别称之为外环骨板和内环骨板。

骨单位(osteon):又称哈弗氏系统。位于内、外骨板之间,数量最多,是骨质的主要结构单位。骨单位是长筒状,直径30~70 μm,长约0.6~2.5mm,与骨干长轴平行。骨单位中轴为纵行的中央管,又称哈弗氏管,周围为4~20层同心圆排列的骨单位骨板,又称哈弗氏板。

间骨板:是位于骨单位之间或骨单位与环骨板之间的骨板,是原有骨单位或内外环骨板被吸收的残留部分,呈扇形或不规则形,其内无血管通道。

【目的和要求】

1. 掌握透明软骨的光镜结构。
2. 掌握骨组织及骨的光镜结构。
3. 了解纤维软骨和弹性软骨的光镜结构。
4. 了解骨组织发生的基本过程。

【实习内容】

一、切片观察

1. 透明软骨

【材料和方法】狗气管横切面,HE 染色。

【肉眼观察】气管壁内可见一块紫蓝色的"C"字形的软骨片即为透明软骨。

【低倍镜观察】(附图 5-1)从软骨的周围向中心依次进行观察。

① 软骨膜:为软骨表面一层致密结缔组织,软骨膜是由大量胶原纤维组成,呈粉红色,软骨膜内层可见梭形小细胞,即骨祖细胞。

② 基质:着色蓝红不一,这与基质内硫酸软骨素的含量有关,由于硫酸软骨素为嗜碱性。因此,若含硫酸软骨素较多,则嗜碱性强,蓝色就越深;若含量少,则染色较浅。

③ 软骨细胞:位于软骨陷窝内,形状大小不等(由于收缩,呈多角形),近软骨膜处为幼稚细胞,呈扁圆形,单个分布。软骨深部细胞为椭圆形或圆形,且常三五成群存在。软骨细胞周围基质呈深蓝色(软骨囊),细胞常收缩为三角形与其囊分离。

【高倍镜观察】(附图 5-2)高倍镜下主要观察软骨细胞形态。生活状态时细胞充满于软骨陷窝内,不显现腔隙。但在制片过程中,软骨细胞收缩,使细胞与陷窝壁之间出现腔隙。有时细胞脱落则只剩下一个空腔。软骨深处的细胞周围,基质含硫酸软骨素较多,显示强嗜碱性的环,称软骨囊。

2. 弹性软骨

【材料和方法】人耳廓(横断),地衣红染色。

【肉眼观察】周边为皮肤,色浅,中央紫蓝色部分为弹性软骨。

【光镜观察】(附图 5-3)弹性软骨表面为软骨膜(薄层),在基质内有紫红色的弹性纤维,交织成网;软骨细胞居于陷窝内,形态不规则,染成粉红色。

3. 骨

【材料和方法】人长骨,骨切片和骨磨片,硫堇-苦味酸染色和硝酸银染色。

第5章 软骨和骨

【肉眼观察】切片类似倒置的梯形，底部相当于骨的外表面，顶部相当于骨髓腔面。

【低倍镜观察】(附图5-4)可见骨板排列方式不同，位于骨干外层为外环骨板，位于骨干内层的为内环骨板(近骨髓腔)，内外环骨板之间有散在的间骨板和大量的哈弗氏系统(骨单位)。

【高倍镜观察】(附图5-5，附图5-6)可见骨单位的中央管(哈弗氏管)，围绕哈弗氏管呈同心圆排列的多层哈弗氏骨板。可见骨单位与间骨板之间的粘合质。在骨板之间的梭形裂隙为骨陷窝。骨陷窝向各个方向伸出的深色分支即骨小管(为骨细胞突起所在)。

二、示教切片

1. 纤维软骨

【材料和方法】椎间盘，HE染色。

【光镜观察】结构特点，基质软骨细胞小而少，在基质中有大量胶原纤维。纵、横断面相间排列，染成红色，细胞在纤维束之间成行排列。

2. 软骨内成骨

【材料和方法】胎儿指骨(长骨)，HE染色。

【肉眼观察】指骨两端染成蓝色的部分为软骨区，中央粉红色部分为骨髓腔及骨干(骨领)。

【光镜观察】找到骺端由此向骨干依次观察各区。

(1) 软骨储备区：是未变化的透明软骨，软骨基质为淡蓝色，有许多散在的软骨陷窝，多呈扁平形，陷窝内有幼稚的软骨细胞，胞体较小。

(2) 软骨增生区：在静止区的骨干侧，细胞分裂增殖，软骨细胞体积增大，依骨干长轴排列成行(纵行)，形成同源细胞群。

(3) 软骨钙化区：软骨陷窝和软骨细胞进一步增大，细胞呈空泡状，核固缩；可见软骨细胞退化留下的陷窝。钙化的基质嗜碱性，呈蓝色。

(4) 成骨区：此区钙化的软骨基质和表面的骨质为过渡型骨小梁，有的被破坏，形成许多骨髓腔。腔内有造血组织和血管等。腔壁表面有成骨细胞和破骨细胞。骨小梁染成粉红色。成骨细胞：紧贴骨小梁表面，排成一层，胞体小，呈柱状或椭圆形；破骨细胞：多位于骨小梁的凹陷处，染成红色，胞体大小不规则，胞体内有许多椭圆形细胞核。

【思考题】

1. 试述骨组织的结构特点。
2. 试述成骨细胞和破骨细胞的结构和功能。
3. 试述软骨组织的结构特点。比较三种软骨的主要区别。

第6章 肌 组 织

【导读】

肌组织(muscle tissue)主要由具有收缩功能的肌细胞构成,肌细胞间有少量的结缔组织、血管和神经等。肌细胞呈细长纤维状,故又称为肌纤维(muscle fiber),肌细胞膜被称为肌膜(sarcolemma),肌细胞质被称为肌浆(sarcoplasm),滑面内质网被称为肌浆网(sarcoplasmic reticulum)。根据结构和功能特点,可将肌组织分为三大类:骨骼肌、心肌和平滑肌。其中骨骼肌属于有横纹的随意肌,心肌属于有横纹的不随意肌,而平滑肌则属于无横纹的不随意肌。

1. 骨骼肌(skeletal muscle)

骨骼肌主要分布于头、颈、躯干和四肢,其特点为有横纹、收缩有力、受意识支配,属于随意肌。骨骼肌是由许多平行排列的骨骼肌纤维构成,骨骼肌纤维的周围包裹着较薄的疏松结缔组织,称为肌内膜(endomysium)。包裹在整块肌肉外面的致密结缔组织膜称为肌外膜(epimysium),含营养血管和神经等。肌外膜伸入肌内,将肌纤维分隔和包围成大小不等的肌束,并形成肌束膜(perimysium)。骨骼肌纤维表面有一种扁平有突起的细胞,称为肌卫星细胞(muscle satellite cell),位于骨骼肌与基膜之间,在肌损伤后的修复中发挥着重要的作用。骨骼肌纤维光镜下呈长柱形,几十个核或更多在一起,呈扁椭圆形,位于肌膜的内下方,肌浆内有许多与细胞长轴平行排列的肌原纤维。肌原纤维有明暗相间的带,各条肌原纤维的明暗相间的带整齐准确地排列在同一个平面上,因此构成了骨骼肌纤维上显示的明暗相间的横纹。周期性横纹包括明带(又称I带)和暗带(又称A带),明带的中央为Z线,暗带的中央有H带,H带的中央有M线。两个相邻Z线间的一段肌原纤维称之为肌节,包括一个暗带和两个1/2明带,是骨骼肌纤维结构和功能的基本单位。骨骼肌纤维电镜下主要结构有肌原纤维(myofibril)、横小管(transverse tubule)和肌浆网(sarcoplasmic reticulum)。肌原纤维由粗肌丝和细肌丝构成。粗肌丝分布于肌节中央,长贯暗带,中央固定于M线,两端游离。细肌丝一端固定于Z线,一端伸入粗肌丝间,终止于H带外侧。

2. 心肌(cardiac muscle)

心肌主要分布于心壁和大血管的近心处,其特点为有横纹,收缩强而有节律、不受意识支配,属于不随意肌。心肌的收缩具有自动节律性,且缓慢而持久,不易疲劳。一般情况下,心肌细胞不再分裂,损伤后主要由四周的结缔组织细胞进行修复。光镜下,心肌纤维呈短柱状,有分支,以闰盘相互连接成网。核1~2个,呈卵圆形,居中。可见横纹,但没有骨骼肌明显。心肌纤维超微结构:肌原纤维不明显;横小管较粗,位于Z线水平,纵小管不发达,多仅形成二联体;闰盘位于Z线水平,呈阶梯状,横位有中间连接和桥粒,纵位有缝隙连接。

3. 平滑肌(smooth muscle)

平滑肌主要分布于血管壁和内脏器官,其特点为无横纹,收缩缓慢而持久、不受意识支配,属于不随意肌。光镜下,平滑肌纤维呈长梭形,无横纹,核1个,呈长椭圆形或杆状,位于细胞中央。

【目的和要求】

1. 掌握三种肌肉组织的光镜结构。
2. 掌握骨骼肌与心肌的超微结构及二者的不同点。
3. 光镜下可以识别辨认三种肌肉组织。

【实习内容】

一、切片观察

1. 骨骼肌(Ⅰ)

【材料和方法】骨骼肌(纵、横切面),HE染色。

【肉眼观察】切片上包括两块标本,长形者为纵切面,圆形者为横切面。

【低倍镜观察】纵切面肌纤维呈长带状,嗜酸性,肌纤维上呈现明暗相间的横纹。横切面呈不规则的多边形。每条肌纤维上有多个细胞核,位于肌膜的内下方。肌纤维间有少量的结缔组织和毛细血管。

【高倍镜观察】

纵切面(附图6-1):骨骼肌细胞呈长带状,可见明暗相间的横纹,胞质嗜酸性。肌纤维内还可见到平行排列的细丝,为肌原纤维。肌膜内面下方可见多个纵行排列的、蓝紫色的椭圆形的细胞核。

横切面(附图6-2):肌纤维呈多边形或不规则的圆形,且肌纤维内可见许多被染成粉红色和切成点状的肌原纤维。肌膜内面可见一至多个蓝紫色的细胞核,呈椭圆形。

2. 骨骼肌(Ⅱ)

【材料和方法】兔舌,铁苏木精染色。

【肉眼观察】标本为一长条形黑蓝色的组织,即我们要观察的骨骼肌的纵切面。

【低倍镜观察】标本中可见肌纤维为细长条形,肌纤维的周边染色比较深的为肌膜,肌膜的内下方可见椭圆形或长形的细胞核。肌纤维上可见清晰的明暗相间的横纹。

【高倍镜观察】肌纤维内可见许多纵向排列的细丝,即肌原纤维。每一条肌原纤维的横纹均由着色深浅不同的区域间隔排列。可以分出以下几种。

① 明带:肌原纤维上染色浅淡的为明带。
② 暗带:肌原纤维上染色深暗的为暗带。
③ Z 线:明带的中央所见的一条暗线。
④ H 带:暗带中部的淡染区为 H 带,H 带的中央有一条深染的线为 M 线。
⑤ 肌节:两个相邻 Z 线间的一段肌原纤维为肌节,包括一个暗带和两个 1/2 明带,是骨骼肌纤维结构和功能的基本单位。

3. 心肌（Ⅰ）

【材料和方法】兔心脏,HE 染色。

【肉眼观察】标本为心脏切片,标本一侧肥厚部分为心室壁,主要由心肌组成,大部分着色较红的为心肌。

【低倍镜观察】可见不同切面的心肌纤维以及心肌纤维间少量的结缔组织。各种切面的心肌纤维均被染成红色。心肌纤维的纵切面呈短柱状,有分支;心肌纤维的横切面呈大小不等的圆形或不规则形。

【高倍镜观察】

纵切面(附图 6-3):心肌纤维比骨骼肌纤维细、短,也呈条带状,平行排列且分支吻合连成网。可见细胞核两端的胞质有明暗相间的横纹,但不如骨骼肌细胞清楚。心肌纤维界限不清。细胞核呈卵圆形,位于细胞中央,亦可见双核的心肌纤维。

横切面(附图 6-4):心肌纤维被切成小块,呈圆形或不规则形,核呈圆形,位于细胞中央,也多见未切到核的心肌纤维断面,其中央着色浅,周围嗜酸性明显。

4. 心肌（Ⅱ）

【材料和方法】心脏,苏木精整染。

【肉眼观察】此标本为心肌的纵断面,为一紫蓝色的组织。

【低倍镜观察】可见许多短柱状的纤维,分支吻合,连接成网。

【高倍镜观察】(附图 6-5)心肌纤维胞质中可见明暗相间的横纹,相邻心肌纤维间被染成明显紫蓝色的线,为心肌闰盘,与心肌纤维的横纹方向一致。细胞核呈卵圆形,核周围胞质染色浅,可见棕黄色的脂褐素颗粒分布在核的两端。

5. 平滑肌

【材料和方法】小肠纵断,HE 染色。

【肉眼观察】标本呈长方形,凹凸不平染成紫蓝色的面为小肠的腔面,外层染成粉红色的部分即为平滑肌层。

【低倍镜观察】可见平滑肌层被分为两层,外层平滑肌被纵切,内层被横切。

【高倍镜观察】纵切(附图6-6)的平滑肌纤维呈长梭形,两端尖细,中央部较宽。细胞核呈椭圆形或杆状,位于肌纤维的中央,胞质呈粉红色。横切(附图6-7)的平滑肌纤维呈圆形或多角形,大小不等,呈红色的块状或点状。较大横断面内可见圆形紫蓝色的细胞核,小的则无。肌纤维间有少量的结缔组织和毛细血管。

二、电镜图像

1. 骨骼肌纤维

纵切面:在骨骼肌纤维超微结构模式图中,可观察到骨骼肌纤维是由许多肌原纤维构成,每根肌原纤维又是由上千条的粗肌丝和细肌丝有规律地平行排列构成。观察肌节的结构:明带、Z线、暗带、H带和M线。观察横小管、肌浆网、终池和三联体等结构。

横切面:主要是观察粗肌丝和细肌丝以及它们的排列规律。

2. 心肌纤维

在心肌纤维超微结构模式图中,可观察到肌节的组成:明带、Z线、暗带、H带和M线。还可以观察到横小管、肌浆网、终池、二联体和闰盘等结构。并将之与骨骼肌超微结构进行比较。

【思考题】

1. 试解释肌肉、肌组织、肌纤维、肌原纤维等名词。
2. 从分布、形态结构和功能来比较三种肌纤维。

第7章 神经组织

【导读】

神经组织(nervous tissue)由神经细胞(nerve cell)和神经胶质细胞(neuroglial cell)组成,是神经系统中最主要的组织成分。神经细胞又称神经元(neuron),神经元具有接受刺激、整合信息和传导冲动的能力。神经胶质细胞的数量比神经元多,为神经元的10~50倍。神经胶质细胞的形态各异,且功能多样,主要对前者起支持、保护、营养和绝缘等作用。

1. 神经元

神经元是神经系统的结构和功能单位,分为胞体和突起两部分,突起又分为树突和轴突。

(1) 胞体是神经元的营养和代谢中心,胞体包括细胞膜、细胞质和细胞核。细胞核大而圆,位于细胞中央,核仁大而圆,着色浅。细胞质:电镜下可见含有大量的核糖体、粗面内质网和比较丰富的高尔基复合体。光镜下有许多嗜碱性、染色较深的斑块状结构,称为尼氏体(nissl body),由发达的粗面内质网和游离核糖体构成,具有合成蛋白质的功能。经镀银染色的神经元,在胞质里面可见许多染成棕黑色的丝状结构称为神经原纤维,它们彼此交织成网,分布在胞体和突起内。电镜下,可见神经原纤维是由神经丝和微管构成的,神经原纤维主要构成神经元的细胞骨架,维持神经元的形态,还参与物质运输。细胞膜含受体、离子通道,为可兴奋膜,可接受刺激、处理信息、产生并传导神经冲动。

(2) 轴突:一个神经元只有一个轴突,通常是由胞体发出的,也可以从树突干的基部发出。轴突细且长,粗细是均匀的,分支很少。轴突内无粗面内质网和游离核糖体,所以不能合成蛋白质。在胞体发出轴突的部位,呈圆锥状,叫做轴丘(axon hillock)。在整个轴突和轴丘里面无尼氏体,故染色较淡。轴突的主要功能为传递冲动。

(3) 树突:一个神经元有一个或多个树突,树突短而粗,像树枝一样,反复分支,越分越细。在树突的表面有很多棘状的小突起,称为树突棘。树突内胞质结构与胞体相似,含有尼氏体。树突的功能是接受刺激。

(4) 神经元分类方法。

根据神经元突起的多少分为三类(附图7-1):a. 多极神经元(multipolar neuron)有一

个轴突和多个树突;b. 双极神经元(bipolar neuron)有一个轴突和一个树突;c. 假单极神经元(pseudounipolar neuron)从胞体发出一个轴突,在距胞体不远处又呈"T"形分成了两支,一支进入了中枢神经系统,称为中枢突,另一支分布到了其他的组织或器官,称为周围突。

根据神经元轴突的长短分为两类:a. 长轴突的大神经元,称为高尔基Ⅰ型神经元(Golgi type Ⅰ neuron),其特点为神经元大,且轴突长;b. 短轴突的小神经元,称为高尔基Ⅱ型神经元(Golgi type Ⅱ neuron),其特点为神经元小,且轴突短。

根据神经元的功能可分为三类:a. 感觉神经元(sensory neuron):又被称为传入神经元(afferent neuron),多为假单极神经元,主要分布于脑脊神经节内,周围突的末梢主要分布于皮肤和肌肉等处,其主要功能为接受体内、外的物理和化学刺激,并将刺激信号转换为神经冲动信号传向神经中枢;b. 运动神经元(motor neuron):又被称为传出神经元(efferent neuron),多为多极神经元,主要分布于脑、脊髓和植物神经节内,其主要功能是将神经冲动传递给肌肉或腺体,从而产生效应;c. 中间神经元(interneuron):多为多极神经元,介于感觉神经元和运动神经元之间加工和传递信息。

根据神经元释放的递质分为五类:a. 胆碱能神经元;b. 去甲肾上腺素能神经元;c. 胺能神经元;d. 肽能神经元;e. 氨基酸能神经元。

2. 突触(synapse)

突触为神经元之间或神经元与效应细胞之间一种特殊的细胞连接方式,其主要功能为传递神经冲动。突触分为化学突触和电突触两类。化学突触以神经递质作为传递信息的载体,平常所说的突触是指化学突触。电突触通过缝隙连接的低电阻传导神经冲动。电镜下突触的结构包括突触前成分(presynaptic element)、突触间隙(synaptic cleft)和突触后成分(postsynaptic element)。

3. 神经胶质细胞(neuroglial cell)

神经胶质细胞是中枢神经系统中除神经元以外的另一大类细胞,神经胶质细胞主要分布于神经元胞体之间和突起之间,形成了神经元生长分化和功能活动的微环境。神经胶质细胞包括中枢神经系统的胶质细胞和周围神经系统的胶质细胞。

中枢神经系统的胶质细胞包括星形胶质细胞(astrocyte)、少突胶质细胞(oligodendrocyte)、小胶质细胞(microgola)和室管膜细胞(ependymal cell)。星形胶质细胞主要参与血脑屏障的形成;少突胶质细胞是中枢神经纤维的髓鞘形成细胞;小胶质细胞来源于单核细胞,属于中枢神经系统的巨噬细胞;室管膜细胞分布在脑室及脊髓中央管的腔面。

周围神经系统的胶质细胞包括施万细胞(Schwann cell)和卫星细胞(satellite cell),施万细胞是周围神经纤维的髓鞘形成的细胞。

4. 神经纤维(nerver fiber)

神经纤维由神经元的长轴突以及包绕它的神经胶质细胞所组成。包裹中枢神经纤维轴突的胶质细胞是少突胶质细胞,包裹周围神经纤维轴突的是施万细胞。根据神经胶质细胞是否形成髓鞘,可将神经纤维分为有髓神经纤维和无髓神经纤维。有髓神经纤维包括中枢神经系统的有髓神经纤维和周围神经系统的有髓神经纤维。周围神经系统的有髓神经纤维是由施万细胞呈长卷筒状套在轴突外形成,相邻施万细胞间的狭窄处称为郎飞结(ranvier node),相邻两个郎飞结间的一段神经纤维称为结间体(internode),一个结间体的外围部分即为一个施万细胞。神经纤维的功能为传导神经冲动,有髓神经纤维的神经冲动在郎飞结间呈跳跃式传导,故传导速度快。无髓神经纤维包括中枢神经系统的无髓神经纤维和周围神经系统的无髓神经纤维。无髓神经纤维无完整的髓鞘,神经冲动沿轴膜连续传导,故传导速度慢。

5. 神经末梢

神经末梢包括感觉神经末梢(sensory nerver ending)和运动神经末梢(motor nerve ending)。感觉神经末梢可分为:游离神经末梢(free nerve engding)、触觉小体(tactile corpuscle)、环层小体(lamellar corpuscle)和肌梭(muscle spindle);运动神经末梢包括躯体运动神经末梢和内脏运动神经末梢。躯体运动神经末梢分布于骨骼肌,终末称为运动终板(motor end plate)。

【目的和要求】

1. 掌握神经元和神经纤维的光镜结构。
2. 掌握神经元、神经纤维和突触的超微结构。
3. 了解神经的组成。
4. 了解神经末梢的一般结构。

【实习内容】

一、切片观察

1. 多极神经元(Ⅰ)

【材料和方法】脊髓,HE 染色。

【肉眼观察】脊髓的横断面呈扁圆形,外面有脊髓膜包裹。脊髓包括灰质和白质两部分。脊髓中央可看到呈蝴蝶形染色较深的结构,为脊髓的灰质。灰质较宽大的两部分为前角;较细小的两部分为后角。白质围绕在灰质的周围,染色较浅。

【低倍镜观察】首先辨认脊髓的白质和灰质,以及灰质的前角和后角。选脊髓灰质前角观察,前角中有许多体积很大的紫蓝色的细胞,为前角神经元的胞体。可见许多散在且大小各异的多极神经元,胞体周围的小的细胞核为神经胶质细胞的细胞核。

【高倍镜观察】在灰质前角选一个切面结构较完整的神经元进行观察。

(1) 胞体：较大，呈多角形。整个细胞质中散布有形态不规则的嗜碱性斑块或颗粒，即尼氏体。

(2) 树突：可以观察到一个或数个树突的根部，树突从胞体发出时比较粗大，而后逐渐变细。树突内含有尼氏体。

(3) 轴突：小部分突起内缺乏尼氏体，该突起为轴突。在胞体内有一染色浅无尼氏体的圆锥形区域，称轴丘。轴突在切片中极少见到。

(4) 胞核：核大而圆，位于细胞的中央，核膜清晰，核内染色质细疏而浅淡，核仁明显。

2. 多极神经元（Ⅱ）

【材料和方法】兔脊髓，石蜡切片，硝酸银染色。

【肉眼观察】脊髓中央染成棕黄色的蝴蝶形的区域为脊髓的灰质。

【低倍镜观察】在脊髓前角选择一清晰的棕黄色的多极神经元，再用高倍镜仔细观察。

【高倍镜观察】（附图7-2）多极神经元的胞质内，可见神经原纤维呈棕黑色的细丝状，且交错排列成网，伸入到树突与轴突内，渐成平行排列。细胞核呈一浅黄色的区域。

3. 有髓神经纤维（Ⅰ）

【材料和方法】人坐骨神经（纵、横断面），石蜡切片，锇酸浸染法。

【肉眼观察】标本被染成黑色，其中长条形的为纵切面，圆形的为横切面。

【光镜观察】纵断（附图7-3）的有髓神经纤维平行排列，轴突在纤维中央呈淡黄色；轴突周围的黑色条状结构为髓鞘，髓鞘上还可见漏斗形中断处为郎飞结。横断（附图7-4）的有髓神经纤维髓鞘为大小不等的黑色环状结构，其中央的轴突呈淡黄色。

4. 有髓神经纤维（Ⅱ）

【材料和方法】人坐骨神经，HE染色。

【肉眼观察】切片标本包括坐骨神经纵、横断面。

【低倍镜观察】

(1) 横断面：可见整个神经周围包有结缔组织构成的神经外膜，内有大小不等的神经束。神经束周围的结缔组织为神经束膜；其周围的浅染区有髓鞘，最外层圆形被染成粉红色的薄膜即神经膜。每条神经纤维周围的少量结缔组织为神经内膜。

(2) 纵断面：可见粗细不等的神经纤维平行排列。在神经纤维之间、神经束和神经的外表面均含有结缔组织和血管。

【高倍镜观察】

(1) 纵切面（附图7-5）。a. 轴突：位于神经纤维的中央，一条呈蓝紫色的线。b. 髓鞘：在轴突的两侧，呈粉红色稀疏网状结构。c. 神经膜：位于髓鞘外面，呈粉红色细线状。d. 郎飞结：每条神经纤维的一定距离上，髓鞘中断，形成一缩窄结构，呈十字状。e. 神经纤维之间尚有少量结缔组织，即神经内膜，其内含成纤维细胞，核小且染色较深，可与施万细胞核相区别。

(2) 横切面(附图7-6)：神经纤维呈圆形，粗细不等；中央紫红色的小点为轴突，轴突的周围是髓鞘，呈红色网状；髓鞘外面是神经膜，较薄，呈红色，有的可见施万细胞的胞核，呈弯月形。

二、示教切片

1. 触觉小体和环层小体

【材料和方法】人指皮，HE染色。

【肉眼观察】标本一侧染成深粉色者为表皮，表皮下方呈浅粉色者为真皮及皮下组织。

【光镜观察】

(1) 触觉小体(附图7-7)：在真皮乳头内可见椭圆形的小体，即触觉小体。触觉小体的长轴与皮肤表面垂直。小体含有较多的扁平细胞，小体外包有结缔组织被囊。细胞间盘绕的神经纤维末梢不明显。

(2) 环层小体(附图7-8)：在皮下组织内可见圆形或椭圆形的小体，即环层小体。环层小体中心为均质状、浅红色的圆柱体，圆柱体的周围是由多层扁平细胞构成的多层同心圆的被囊。

2. 运动终板

【材料和方法】骨骼肌，镀金染色。

【光镜观察】(附图7-9)骨骼肌纤维呈紫红色。神经纤维呈紫黑色，末端分支与肌纤维共同形成终板结构。神经纤维末梢在接触肌纤维处分支，膨大成爪状结构，即扣结。

3. 电镜图片

(1) 神经元胞体。尼氏体由平行排列的粗面内质网和游离核糖体构成。神经原纤维由一些神经丝组成。

(2) 有髓神经纤维(坐骨神经纤维)。轴突外围的髓鞘由神经膜细胞的胞膜反复包卷轴突而成，呈明暗相间的同心圆板层结构。相邻两个神经膜细胞连接处无髓鞘，形成一缩窄结构，称为郎飞结，郎飞结处轴突仅由神经膜包绕。

(3) 无髓神经纤维(肠系统神经纤维)。可见一至多条轴突直接被施万细胞包裹。由于施万细胞并不一定完全包裹每条轴突，故可见裸露出来的部分。

(4) 突触。可见突触前膜，突触后膜，突触间隙。突触前、后膜均增厚，突触前膜附近的胞质里，含有较多线粒体和突触小泡。

(5) 运动终板。神经纤维接近肌纤维时失去髓鞘，再分成爪状细支，形成扣状膨大附着于肌膜上。

【思考题】

1. 简述神经元的结构和功能。
2. 比较有髓神经纤维和无髓神经纤维的结构有何异同点。
3. 简述神经胶质细胞的结构和功能。
4. 简述感觉神经末梢与运动神经末梢的分布、形态、结构和功能。

第8章 神经系统

【导读】

神经系统主要由神经组织组成。解剖上习惯分为中枢神经系统和周围神经系统两部分。其中前者仅包括脑和脊髓,而后者包括脑神经节、脊神经节,脑神经、脊神经,自主神经节和自主神经。

1. 大脑皮质(cortex):从外表到深层分六层

(1) 分子层(molecular layer):其内的神经元小而少,主要由水平细胞和星形细胞构成,还有许多与皮质表面接近平行的神经纤维。

(2) 外颗粒层(external granular layer):主要由许多星形细胞和少量小型锥体细胞构成。

(3) 外锥体细胞层(external pyramidal layer):比较厚,由许多中、小型锥体细胞和星形细胞组成。

(4) 内颗粒层(internal granular layer):细胞密集,多数是星形细胞。

(5) 内锥体细胞层(internal pyramidal layer):主要由中型和大型锥体细胞组成,在中央前回运动区,有巨大锥体细胞,称 Betz 细胞。

(6) 多形细胞层(polymorphic layer):以梭形细胞为主,也能看到锥体细胞和颗粒细胞。

2. 小脑皮质:从外到内分三层

(1) 分子层:较厚,神经元较少,主要由星形细胞和篮状细胞组成。

(2) 蒲肯耶细胞层(purkinje cell layer):由一层蒲肯耶细胞胞体组成。

(3) 颗粒层:由密集的颗粒细胞和一些高尔基细胞组成。

3. 脊髓:横切面由中央的蝶形灰质和周围的白质组成

灰质:分前角、后角和侧角。前角内大多是躯体运动神经元,大者称 α 神经元,小者称 γ 神经元,还有一种短轴突的小神经元称 Renshaw 细胞,侧角内的神经元是内脏运动神经元。后角内的神经元组成较复杂,它们主要接受后根纤维(感觉神经元的中枢突)传入的神经冲动,其轴突在白质内形成各种上行纤维束到脑干、小脑和丘脑,故这类神经元又称束细胞(bundle cell)。脊髓灰质内还遍布许多中间神经元。

4. 神经节:可分脑神经节、脊神经节和自主神经节三种

脑、脊神经节位于脊神经后根和某些脑神经干上;自主神经节包括交感和副交感神经节。神经节的一般结构为:神经节一般为卵圆形,外面包绕着结缔组织被膜;神经节内的神经细胞就是节细胞(ganglion cell),节细胞的胞体被一层扁平的卫星细胞(satellite cell)包绕;此外节内还有大量神经纤维及少量结缔组织和血管。

【目的和要求】

1. 了解中枢神经系统的基本组成。
2. 掌握大脑皮质、小脑皮质和脊髓的结构。
3. 了解周围神经系统的基本结构。

【实习内容】

一、切片观察

1. 大脑

【材料与方法】猫大脑,HE 染色。

【肉眼观察】表面皮质凹陷处为沟,隆起处为回。切片周边深染处为皮质,深部浅染处为髓质。

【光镜观察】(附图 8-1,附图 8-2)

(1) 软脑膜:被覆在大脑皮质表面,由薄层结缔组织构成,内含小血管。

(2) 皮质:又称灰质,是位于大脑表面的部分,由神经元、神经胶质细胞和无髓神经纤维组成。皮质内有许多着色深的细胞,为皮质内的神经元和神经胶质。皮质内的神经元分层排列,但在普通染色标本中不能分清各层界限。寻找细胞层次较清楚的部位,由浅至深依次观察。

① 分子层:位于最表层,细胞少而小,排列稀疏,主要是水平细胞和星形细胞。

② 外颗粒层:较薄,细胞密集,由许多星形细胞和少量小型锥体细胞组成,后者形态较清楚,胞体呈锥形。

③ 外锥体细胞层:较厚,细胞排列较稀疏,主要是小型及中型锥体细胞。

④ 内颗粒层:不明显,有许多星形细胞和少量锥体细胞。

⑤ 内锥体细胞层:主要是分散的大、中型锥体细胞。

⑥ 多形细胞层:较厚,细胞体散在,有多种细胞,以梭形细胞为主,与内锥体细胞层和髓质分界不清。

(3) 髓质:呈浅红色,可见神经纤维和神经胶质细胞核。

2. 小脑皮质

【材料与方法】猫小脑,HE 染色。

【肉眼观察】小脑表面有许多叶片和沟,每个叶片与沟的表层染成浅红色,为分子层,深部呈紫蓝色,为颗粒层。叶片的中心部着红色,为髓质。

【低倍镜观察】(附图 8-3)

软脑膜:紧贴小脑表面,并伸入沟裂,为薄层结缔组织,内含小血管。能区分皮质和髓质。皮质分为分子层、蒲肯耶细胞层和颗粒层。

【高倍镜观察】(附图 8-4)

(1) 皮质:由表及里可分为明显的三层。

① 分子层:较厚,含大量浅红色的神经纤维;神经元少而分散,胞核小,染色深,胞质不明显,主要有星形细胞和篮状细胞。

② 蒲肯耶细胞层:由一层排列规则的蒲肯耶细胞胞体组成,是小脑皮质中最大的神经元;胞体呈梨形,核大而圆,核仁明显;细胞顶部发出 2~3 条粗的主树突,伸向分子层,轴突自胞体底部发出,镀银染色清晰可见(附图 8-5)。

③ 颗粒层:较厚,含密集的神经元胞体,种类不易区别。

(2) 髓质:可见散在的神经胶质细胞核。

3. 脊髓

【材料与方法】狗脊髓,HE 染色。

【肉眼观察】标本呈扁圆形,外表面包裹脊髓膜,中央呈蝴蝶形部分为灰质,灰质伸出的两个较粗钝的突起为前角,相反方向的两个较细的突起为后角。灰质周围的部分为白质。

【光镜观察】先分辨白质和灰质,以及灰质的前角、后角和侧角,脊髓中央的空腔为脊髓中央管,腔面衬室管膜细胞。

(1) 白质:可见大量粗细不一的有髓神经纤维和少量无髓神经纤维的横切面,其间有神经胶质细胞核。

(2) 灰质:主要成分是多极神经元的胞体和突起,神经纤维和神经胶质细胞。

① 前角:宽大,神经元数量多,体积较大,多数是躯体运动神经元。

② 后角:细长,神经元较小,数量较少,分散排列。

③ 侧角:可见成群较小的交感神经元胞体。

4. 脊神经节

【材料与方法】狗脊神经节,HE 染色。

【肉眼观察】椭圆形切面。

【低倍镜观察】脊神经节表面有薄层致密结缔组织被膜,节内可见许多节细胞胞体,成群分布;细胞群之间可见平行排列的神经纤维。

【高倍镜观察】(附图 8-6)节细胞胞体多呈圆形,大小不等,大的染色浅,小的染色深;核圆,居中,染色浅,核仁明显;胞质嗜酸性,内有许多颗粒状的尼氏体。卫星细胞包在每个节细胞胞体周围,为扁平或立方形细胞,其核呈圆或卵圆形,染色较浅,胞质不明显。

二、示教切片

1. 大脑锥体细胞

【材料与方法】人的大脑皮质,Cox 法染色。

【低倍镜观察】沿大脑皮质观察,可见各种着黑色,有突起的细胞。大脑锥体细胞胞体呈锥形,大小不等。在朝向皮质表面的胞体的尖端,有一个较粗的顶树突伸向皮质表面,沿途发出细的分支;胞体的四周有一些水平向的树突及细小的分支。在胞体基部,有一根纤细的突起,即轴突,其近胞体附近一段处无分支,这是它与树突之间最基本的区别,但有时未切到轴突。

【高倍镜观察】在树突分支上有许多棘状小突起,为树突棘。从胞体基部发出的轴突,因其很长部分未被切到或切断,故多数轴突仅见其起始部。

2. 小脑蒲肯耶细胞

【材料与方法】猫小脑,Cox 法染色。

【肉眼观察】标本中凹凸不平的一侧是小脑皮质。

【低倍镜观察】蒲肯耶细胞属多极神经元,形似小松柏树,为皮质中体积最大的神经元。胞体特别大,呈梨形,胞体底部钝圆,有一条或长或短的轴突起始部(由于切片的原因);胞体顶端有 2~3 条粗的主树突,伸向皮质浅层,树突分支繁多,形似松柏树叶片,呈扇形展开。

【高倍镜观察】(附图 8-5)进一步观察树突及其分支表面的树突棘。自胞体底部发出的轴突,较纤细,多数仅见其起始段。

【思考题】

1. 简述大脑皮质的结构和功能。
2. 简述小脑皮质的结构特点和功能。
3. 简述脊髓的结构和功能。
4. 简述脊神经节的结构特点。

第 9 章 眼 和 耳

【导读】

一、眼

眼是视觉器官,主要由眼球构成,眼睑、眼肌、结膜、泪腺与泪道为眼球的附属器,眼由眼球壁和眼内容物两部分构成。

1. 眼球壁:自外向内分为纤维膜、血管膜和视网膜三层

纤维膜自前向后分为角膜和巩膜两部分。角膜是眼的第一道屈光介质;巩膜是由结缔组织组成的,巩膜与角膜交界的移行处称角膜缘。

血管膜由富含血管和色素细胞的疏松结缔组织组成,又称为色素膜。血管膜从前向后分为虹膜、睫状体和脉络膜三部分。

视网膜位于眼球壁的最内层,有感光功能,分为视部和盲部,二者交界处为锯齿缘。

(1) 角膜(cornea):从前向后分五层。

① 角膜上皮(corneal epithelium):未角化的复层扁平上皮,上皮内有丰富的游离神经末梢,感觉敏锐。

② 前界层(anterior limiting lamina):不含细胞的薄层结构,含基质和胶原原纤维。

③ 角膜基质(corneal stroma):约占角膜厚度的9/10,主要成分为胶原板层,胶原板层由大量胶原原纤维平行排列构成,其间散在分布着成纤维细胞。角膜基质内无血管,富含水分,这是角膜透明的主要原因。

④ 后界层(posterior limiting lamina):结构似前界层,但更薄。由角膜内皮的分泌物形成,会随年龄增长而增厚。

⑤ 角膜内皮(corneal endothelium):为单层扁平或立方上皮。

(2) 巩膜(sclera):瓷白色,由大量粗大的胶原纤维交织而成,质地坚韧,是眼球壁的重要保护层。

(3) 角膜缘(corneal limbus):为角膜与巩膜的带状移行区域,环绕角膜周边。

(4) 虹膜(iris):是位于角膜与晶状体之间的扁圆盘状薄膜,中央为瞳孔,周边与睫状体相连。虹膜由前至后分为前缘层、虹膜基质、虹膜上皮三层,前缘层为一层不连续的成

纤维细胞和色素细胞。虹膜基质为富含血管与色素细胞的疏松结缔组织。在靠近瞳孔缘的虹膜基质中有瞳孔括约肌，收缩时瞳孔缩小。虹膜上皮由两层细胞组成，前层为肌上皮细胞，称瞳孔开大肌，收缩时瞳孔开大；后层为柱状或立方细胞，胞质内充满色素颗粒。

（5）睫状体（ciliary body）：位于虹膜与脉络膜之间，在眼球矢状切面上呈三角形，由睫状肌、基质和上皮三部分构成。

（6）脉络膜（choroid）：衬于巩膜内面，为富含血管和色素细胞的疏松结缔组织，与视网膜相贴的最内层为玻璃膜。

（7）视网膜（retina）：指视网膜视部，由四种细胞构成，它们分层排列，由外向内依次为色素上皮层、视细胞层、双极细胞层和节细胞层。

① 色素上皮层：为单层立方上皮，由色素上皮细胞（pigment epithelial cell）构成，胞质内含有大量粗大的黑素颗粒和吞噬体，黑素颗粒可防止强光对视细胞的损害，吞噬体内通常为视杆细胞脱落的膜盘。

② 视细胞层：视细胞（visual cell）为感受光线的感觉神经元，分为视杆细胞和视锥细胞两种。

视杆细胞（rod cell）：外突呈杆状（视杆），视杆分为内节和外节，外节为感光部分，含有许多平行排列的膜盘，膜盘上的感光蛋白为视紫红质，可感受弱光；内节是合成感光蛋白的部位。内突末端膨大呈小球状。

视锥细胞（cone cell）：外突呈圆锥状（视锥），分为内节和外节，外节膜盘上的感光物质为视色素可感受强光和颜色，内突末端膨大呈足状。

③ 双极细胞层：双极细胞（bipolar cell）是连接视细胞和节细胞的纵向中间神经元。

④ 节细胞层：节细胞（ganglion cell）是具有长轴突的多极神经元，树突与双极细胞形成突触，轴突向眼球后极汇聚，并穿出眼球壁形成视神经。

黄斑和中央凹：黄斑（macula lutea）是位于视网膜后极的一个浅黄色区域，中央有一浅凹为中央凹（central fovea），此处只有色素上皮和视锥细胞，与双极细胞和节细胞形成一对一通路，是视觉最敏锐的部位，也是视网膜最薄处。

视盘（optic disc）：又称视神经乳头（papilla of optic nerve），为视神经穿出处，此处无感光细胞，为生理盲点。

2．眼的内容物

眼的内容物由房水、晶状体和玻璃体构成，均无色透明，与角膜共同组成眼的屈光系统。

二、耳

耳包括外耳、中耳和内耳。内耳有位觉感受器和听觉感受器。内耳由两套管道组成，外部的是骨迷路，内部的是膜迷路。骨迷路（osseous labyrinth）由前至后分为耳蜗、前庭和半规管，膜迷路（membranous labyrinth）也分为膜蜗管、膜前庭（椭圆囊与球囊）和膜半规管三部分。膜迷路某些部位的黏膜增厚形成位觉感受器或听觉感受器。

【目的和要求】

1. 掌握角膜、虹膜和视网膜视部各层组织结构特点。
2. 掌握壶腹嵴、位觉斑和螺旋器的组织结构。
3. 了解眼睑的组织结构。

【实习内容】

一、切片观察

1. 眼球

【材料与方法】荷兰猪眼球,平行眼球的火棉胶切片,HE染色。

【肉眼观察】眼球是球形器官,分为眼球前半部、眼球后半部和视神经。

【低倍镜观察】(附图9-1,附图9-2)由前向后、从外向内全面观察。眼球壁最外层是纤维膜,前1/6的部分为角膜,后5/6的部分为巩膜,二者交界处称角膜缘。角膜和巩膜交界处向内突出的为睫状体,游离的长条状棕黑色结构为虹膜,睫状体的前内侧伸出数个睫状突。角膜缘内侧可见巩膜静脉窦,其内侧为小梁网。眼球后部由巩膜、脉络膜和视网膜构成。

【高倍镜观察】

(1) 角膜:从前向后共分五层(附图9-3)。

① 角膜上皮:为未角化的复层扁平上皮,细胞5~6层,基部平坦。

② 前界层:为一层浅红色的均质膜。

③ 角膜基质:较厚,由多层与表面平行的胶原板层组成。板层间可见少量扁平的成纤维细胞,无血管。

④ 后界层:为一层较薄的均质膜。

⑤ 角膜内皮:单层扁平或立方上皮。

(2) 巩膜:前段与角膜相移行至眼球壁外层,为致密结缔组织,内含血管。与角膜交界处的内侧,巩膜内面向前方伸出的嵴状突起为巩膜距,是小梁网和睫状肌的附着部位。

(3) 角膜缘:是角膜和巩膜相接的部位,从表向里观察。

① 角膜缘上皮:角膜上皮移行至球结膜上皮处,上皮较厚,常超过10层,细胞较小,核深染,基底层细胞为矮柱状,排列成栅栏状。上皮内有黑素细胞,无杯状细胞。

② 巩膜静脉窦:位于角膜缘内侧。窦腔较大而不规则,呈长条状,窦壁内衬有内皮。

③ 小梁网:位于巩膜静脉窦内侧,呈网格状,小梁内部为胶原纤维,表面覆有内皮。

(4) 虹膜：可分三层，由前向后观察。

① 前缘层：表面高低不平，是一层不连续的成纤维细胞和色素细胞。

② 虹膜基质：较厚，由含色素细胞与血管的疏松结缔组织组成。

③ 虹膜上皮：由两层细胞构成。前层细胞分化为肌上皮细胞（瞳孔开大肌），后层细胞为立方形色素上皮细胞，细胞较大，胞质内充满色素颗粒。

(5) 睫状体：切面呈三角形，自外向内依次观察。

① 睫状肌：由纵行、放射状和环行的平滑肌构成。

② 基质：为富含血管和色素细胞的结缔组织。

③ 睫状体上皮：由两层细胞组成，外层细胞为立方形的色素上皮细胞，内层为立方形或矮柱状的非色素上皮细胞。

(6) 脉络膜：由富含血管和色素细胞的疏松结缔组织构成。脉络膜的最内层是一层均质、透明、浅红色的薄膜，即玻璃膜。

(7) 视网膜（附图9-5）：位于脉络膜内面，由多层细胞构成。自外向内依次分为四层。

① 色素上皮层：在玻璃膜内侧，由单层立方形色素上皮细胞组成。核圆色浅，胞质内含棕黄色色素颗粒。

② 视细胞层：该层中部，大量视细胞核密集排列，核小而圆，染色深，胞体分界不清。视细胞的外突伸向色素上皮层，外突呈细杆状的为视杆，外突呈锥体形而色深的为视锥。内突呈浅红色。

③ 双极细胞层：该层中部大量细胞核聚集排列，胞体和突起不能分辨，各种细胞无法区分。

④ 节细胞层：为最内层，节细胞核较稀疏，排列于同一水平，核大，细胞分界不清。此层内可见小血管，是视网膜动、静脉的分支。

视网膜后极有一浅黄色区域称黄斑（附图9-4），中央一小凹称中央凹（附图9-6）。视神经穿出眼球的部分称视神经乳头（附图9-7），其中可见视网膜动、静脉。

(8) 晶状体：为虹膜后方嗜酸性的椭圆形结构，外包晶状体囊和立方形上皮，内为嗜酸性纤维，呈同心圆排列。

2. 眼睑

【材料与方法】人的上眼睑，HE染色。

【肉眼观察】眼睑断面呈三角形，边缘染成蓝紫色，稍凹侧蓝色边缘为睑结膜，稍凸侧蓝色边缘为皮肤，二者交接处为睑缘，睑缘对侧为眼睑基部。

【低倍镜观察】从前向后分以下各层（附图9-8）。

(1) 皮肤：较薄，真皮乳头浅，有毛囊、皮脂腺和汗腺。睑缘处有睫毛，无立毛肌。睫毛根部的皮脂腺很大，称蔡氏（Zeis）腺，其附近有大汗腺，腺腔很大，上皮为单层立方或柱状，即摩尔氏（Mool）腺。

（2）皮下组织：由薄层结缔组织构成，黄种人可见有脂肪组织。

（3）肌层：主要为眼轮匝肌，环形，为骨骼肌纤维的横断面，眼睑基部纵行骨骼肌为上睑提肌，睫毛毛囊之间散在的骨骼肌纤维为睫毛肌。眼睑基部还可见平滑肌，为眼睑（Muller 氏）肌。

（4）睑板：由致密结缔组织组成板状结构，可见睑板腺，形态与皮脂腺相同，睑板腺中央有一长且直的腺导管，腔面衬以复层扁平上皮。

（5）睑结膜：由复层柱状上皮和薄层结缔组织构成，上皮细胞间夹有杯状细胞。近眼睑根部结膜具有皱襞，为穹窿部。

3．内耳

【材料与方法】豚鼠内耳，HE 染色。

【肉眼观察】标本可见由骨质围成的不规则形腔，腔内见有一个呈塔形的结构即耳蜗。耳蜗中央深红色锥体形结构为蜗轴，蜗轴两侧卵圆形的切面为蜗管。耳蜗周围浅紫蓝色的组织为颞骨的骨组织。

【低倍镜观察】重点观察耳蜗（包括膜蜗管）部分（附图 9-9，附图 9-10）。

（1）蜗轴：通过耳蜗的骨性蜗轴的垂直切面，见两侧各有 3~4 个耳蜗管的横断面。蜗轴由淡红色的松质骨组成，位于耳蜗中央，蜗轴内有染成红色的蜗神经穿行，两侧可见成团的大细胞，即螺旋神经节的神经元胞体。

（2）蜗管：在蜗轴两侧呈圆形，选其中一个完整的断面观察。外侧壁骨膜增厚成螺旋韧带，向内形成膜螺旋板（又称基底膜）与骨螺旋板相连。骨螺旋板向外上方斜行的一层薄膜为前庭膜。蜗管被前庭膜和骨螺旋板分成三部分，中间为膜蜗管，前庭膜上方为前庭阶，膜螺旋板下方为鼓室阶。

（3）膜蜗管（附图 9-11）：断面呈三角形。上壁：很薄，为前庭膜，此膜的两面均覆盖有一层扁平上皮，其间有少量结缔组织。外侧壁：在螺旋韧带内侧面衬有复层柱状上皮，内含毛细血管，称血管纹。下壁：由内侧的骨螺旋板与外侧的基底膜共同构成，有螺旋器隆起于基底膜上。骨螺旋板的骨膜增厚成嵴状，并向蜗管内伸出一片红色的均匀膜，即盖膜。

【高倍镜观察】重点观察位于基底膜上的螺旋器（附图 9-12）。

螺旋器由毛细胞和支持细胞组成。支持细胞主要有柱细胞和指细胞。柱细胞呈高柱状，内外各一行，细胞基部较宽，并列于基膜上，核位于基部，两细胞体中部细窄并围成一个三角形空腔的内隧道，细胞顶部彼此嵌合。内柱细胞的内侧有一个内指细胞，上托一个内毛细胞；外柱细胞的外侧有 3~5 个外指细胞，上托 3~5 个外毛细胞。毛细胞呈烧瓶状或柱状，核圆居中，胞质染色较深，有的顶部有静纤毛。

（4）半规管、椭圆囊和球囊（并非在每张切片都能看全）。

【低倍镜观察】骨性半规管为颞骨内的圆形小管，有外淋巴间隙。膜性半规管位于骨性半规管的一侧，为膜性小管，由立方上皮与固有层构成。椭圆囊和球囊的结构与半规管相同,断面口径较大。位觉斑包括椭圆囊斑和球囊斑,由椭圆囊和球囊的黏膜局部增厚所形成,壶腹嵴呈小丘状,为膜半规管黏膜局部增厚形成。

【高倍镜观察】(附图9-13,附图9-14)壶腹嵴、椭圆囊斑和球囊斑处黏膜增厚,上皮细胞分为两种,支持细胞底部宽、顶部窄,核卵圆形,位于基部。毛细胞为感觉细胞,位于支持细胞之间,上宽下窄,核圆,细胞游离端有突起的小毛,壶腹嵴的小毛更长,被胶状物包埋成圆锥状,称壶腹帽。椭圆囊斑和球囊斑的结构与壶腹嵴大致相同,只是毛较短,形成位砂膜。

二、示教切片

1. 黄斑

【材料与方法】人的眼球,HE染色。

【光镜观察】可见中央凹处视网膜变薄,呈漏斗状,只有色素上皮层、视锥细胞。此处的双极细胞和节细胞都倾斜于中央凹的边缘。

2. 泪腺

【材料与方法】人的泪腺,HE染色。

【光镜观察】可见疏松结缔组织将泪腺分隔成许多小叶。

① 腺泡:为浆液性腺泡。上皮由柱状细胞组成,色浅,细胞核为圆形,位于基底部,腺泡外附着肌上皮细胞,不易分清。

② 小叶内腺管的管腔比腺泡腔大,管壁由单层柱状上皮组成,小叶间排泄管由结缔组织包绕,管壁由单层柱状上皮、假复层柱状上皮或复层柱状上皮组成。

3. 壶腹嵴和位觉斑(附图9-13,附图9-14)

【材料与方法】豚鼠内耳,HE染色。

【光镜观察】同上述,因许多同学找不到壶腹嵴和位觉斑,示教作为补充。

【思考题】

1. 简述眼球壁的结构和功能。
2. 简述构成视网膜的四种细胞的结构和功能。
3. 简述晶状体的结构和意义。
4. 简述角膜保持透明的主要因素。
5. 简述半规管和壶腹嵴的位置关系和结构。
6. 简述螺旋器的结构和功能。

第 10 章 循环系统

【导读】

循环系统(circulatory system)是一个连续的、封闭的管道系统,可运输营养物质、代谢产物和激素等。循环系统包括心血管系统和淋巴管系统。心血管系统是循环系统的主要组成部分,由心脏、动脉、毛细血管和静脉构成。心脏是促使血液流动的动力泵,可推动血液在各级血管中循环流动;动脉主要将血液运输到全身各个器官和组织;毛细血管是进行物质交换的主要场所;静脉主要是将血液回流到心脏。淋巴管系统属于辅助的管道系统,主要由毛细淋巴管、淋巴管和淋巴导管组成。毛细淋巴管以盲端起始于组织间隙,然后渐渐汇合形成淋巴管,最后汇合成左、右淋巴导管,与大静脉连通。

1. 心脏(heart)

心壁包括三层结构,由内向外依次为心内膜、心肌膜和心外膜。

心内膜(endocardium)是由内皮和内皮下层构成。内皮与血管的内皮相连续,为单层扁平上皮,其表面较光滑,从而有利于血液的流动。内皮下层由结缔组织构成,分为内层和外层。内层为薄层结缔组织,含有少量平滑肌纤维;外层又称为心内膜下层,为疏松结缔组织,含有小血管和神经,在心室有心脏传导系统的分支。

心肌膜(myocardium)主要由心肌构成,心室的心肌比心房的心肌厚,左心室的心肌最厚。心肌纤维多呈螺旋状排列,大致分为内纵、中环、外斜三层。在心房肌和心室肌之间,有致密结缔组织构成的支架结构,称为心骨骼。心室和心房的肌纤维都附着在心骨骼处。

心外膜(epicardium)为心包脏层,其表面为间皮,深面为薄层疏松结缔组织,称为浆膜(间皮+结缔组织)。心外膜含有血管、神经和脂肪组织等。心包脏、壁两层间为心包腔,内有少量浆液,可减少摩擦,从而有利于心脏搏动。

心瓣膜(cardiac valve)位于房室孔和动脉口处,分别有房室瓣、主动脉瓣和肺动脉瓣,统称为心瓣膜。心瓣膜为心内膜突向心腔形成的薄片状结构,由内皮和结缔组织组成。其具有阻止心房和心室收缩时血液倒流的功能。

2. 动脉

动脉是由心室发出的血管,分支到达全身各个部位。动脉可分为大动脉、中动脉、小动脉和微动脉,动脉管壁结构分为内膜、中膜和外膜,各种动脉的结构和厚度有所不同。

(1) 大动脉(large artery)，大动脉又称为弹性动脉，包括主动脉、肺动脉、无名动脉、颈总动脉、锁骨下动脉、椎动脉和髂总动脉等。内膜(tunica intima)是血管壁的最内层，较薄，由内皮和内皮下层组成；中膜(tunica media)很厚，由40~70层弹性膜构成，弹性膜之间有平滑肌纤维；外膜(tunica adventitia)为疏松结缔组织，有营养血管，其分支进入中膜。

(2) 中动脉(medium-sized artery)，中动脉又称肌性动脉，包括除大动脉以外解剖学中所有有名称的动脉。内膜除内皮和内皮下层外，还含有1~2层内弹性膜；中膜较厚，由10~40层平滑肌纤维组成；外膜为疏松结缔组织，含有营养血管和神经纤维，在中膜与外膜的交界处有较明显的外弹性膜。

(3) 小动脉(small artery)，管径为0.3~1mm，为肌性动脉。结构与中动脉相似，但较薄；中膜有几层平滑肌纤维；无外弹性膜。

(4) 微动脉(arteriole)，管径在0.3mm以下，无内弹性膜，中膜由1~2层平滑肌纤维组成。

3. 毛细血管(capillary)

毛细血管是指连接于微动脉和微静脉之间的管径最细、管壁最薄、分布最广的血管，它们的分支吻合成网。毛细血管的直径为6~8 μm，管壁比较薄，结构简单，主要结构为1层内皮细胞，外有基膜及少许结缔组织，内皮细胞和基膜之间有周细胞。毛细血管是血液与周围组织进行物质交换的主要场所。电镜下毛细血管可分为三类：连续毛细血管(continuous capillary)、有孔毛细血管(fenstrated capillary)和血窦(sinusoid)，如下表10-1所示。

表10-1 毛细血管的分类和比较

	连续毛细血管	有孔毛细血管	血窦
管腔	小	小	较大且不规则
管壁	较厚	较薄	较薄
细胞连接	紧密连接	紧密连接	不明显
吞饮小泡	较多	较少	无
内皮窗孔	无	多	较大
基膜	连续完整	连续	不完整或无
通透性	较小	稍大	最大
分布	肌组织、结缔组织、肺、中枢神经系统等	肾血管球、胃肠黏膜、内分泌腺等	肝、脾、红骨髓、内分泌腺等

4. 静脉

静脉是运输血液回心脏的血管，起始于毛细血管的静脉端，由小至大逐级汇合，管壁逐渐增厚，管径也逐渐增粗。与相伴行的动脉相比，静脉管腔较大，管壁较薄，弹性较小，因此切片标本中的静脉常塌陷变扁,或呈不规则形。按照静脉管径的大小,静脉也分为大静脉、中静脉、小静脉和微静脉。静脉的特点为:壁薄,管腔大,不规则;三层膜(即内膜、中膜和外膜)分界不清;平滑肌变少,结缔组织较多;外膜变厚,营养血管丰富;有些静脉有静脉瓣。

【目的和要求】

1. 掌握循环系统管壁的一般结构。
2. 掌握毛细血管的光镜结构及电镜结构。
3. 掌握心脏及大、中、小动脉的结构特点。
4. 了解静脉的一般结构特点。

【实习内容】

一、切片观察

1. 中动脉和中静脉

【材料和方法】狗中动脉和中静脉,HE 染色。

(1) 中动脉。

【肉眼观察】切片中可见管壁较厚,管腔较小而圆的为中动脉。

【低倍镜观察】首先找出内、外弹性膜,则可分清内、中和外三层膜的界限。由腔面依次向外观察。a. 内膜:很薄。在组织切片上,内皮和内皮下层大多已经脱落。贴近管腔面,可见一层呈亮粉红色的波浪状走行的带即为内弹性膜,它是内膜和中膜的分界线。b. 中膜:最厚,主要由多层环行平滑肌组成。c. 外膜:厚度与中膜相当,主要由结缔组织构成,着色比较浅。外膜内侧近中膜处有多层的外弹性膜。

【高倍镜观察】(附图 10 – 1)

① 内膜:包括内皮、内皮下层和内弹性膜。

内皮:为单层扁平上皮,位于管腔最内面。高倍镜下,内皮细胞核呈紫蓝色向腔内突出,胞质极薄而不清楚。

内皮下层:位于内皮的下方,较薄,由少量胶原纤维和弹性纤维构成,有时可见散在平滑肌纤维上。

内弹性膜:呈波浪状,着红色,折光性强,较完整。

② 中膜:最厚,主要由数十层环行排列的平滑肌构成,呈粉红色,肌纤维间有少量的胶原纤维和弹性纤维。

③ 外膜:包括外弹性膜及其外面的结缔组织,厚度与中膜相当。在中膜与外膜的相

连处可见外弹性膜,断续呈波浪状。结缔组织中有弹性纤维、小的营养血管和神经。

(2) 中静脉。

【肉眼观察】标本中管壁比较薄,管腔大且不规则的就是中静脉。

【低倍镜观察】中静脉的管壁亦分为三层,由内向外依次为:a. 内膜:非常薄,因为其内弹性膜不明显,所以与中膜的分界不清;b. 中膜:比较薄,主要是由3~5层的环形平滑肌组成,平滑肌间有少量的结缔组织;c. 外膜:比中膜厚,主要由结缔组织组成,由于其外弹性膜不明显,所以与中膜的分界不清。

【高倍镜观察】

① 内膜:很薄。内皮只见细胞核,细胞核呈扁圆形突向管腔;内皮下层为少量的结缔组织;其内弹性膜不明显。

② 中膜:较薄,可见数层排列较松散的平滑肌束。

③ 外膜:较厚,由结缔组织构成,无外弹性膜。有的在中静脉外膜内可以看到被横断的纵行平滑肌束。

2. 大动脉

(1) 大动脉(Ⅰ)。

【材料和方法】人主动脉(横断),HE染色。

【肉眼观察】标本为一弧形切面,凹面为腔面,凸面为外层。

【光镜观察】(附图10-2)先全面观察标本,可大致区分出三层。

① 内膜:较厚,着色较淡,与中膜分界不清。内皮为单层扁平上皮;内皮下层较厚,可见平行的胶原纤维、弹性纤维和平滑肌束;内弹性膜由数层弹性膜构成,因与中膜的弹性膜相连,无明显分界,故不明显。

② 中膜:最厚,由数十层弹性膜和平滑肌构成,此层弹性膜呈亮粉色(或深粉色)的波浪状,其间夹有少量平滑肌和胶原纤维。

③ 外膜:较中膜薄,由结缔组织构成,其中有小血管和神经束。最外一层即外弹性膜。

(2) 大动脉(Ⅱ)。

【材料和方法】人主动脉(横断),醛复红染色。

【光镜观察】(附图10-3)由于内、外弹性膜和中膜的弹性膜均呈波浪状,所以大动脉的三层膜界限不明显。可见中膜内有大量着深紫色的弹性膜,膜间有较多的弹性纤维。内、外膜中亦有少量弹性纤维,被染成深色条纹。

3. 小动脉和小静脉

【材料和方法】存在于结缔组织内小血管中,HE染色。

【肉眼观察】可见多个细小管腔状结构存在于结缔组织中。

【光镜观察】小动脉与小静脉相伴存在。管腔小而圆、壁较厚的为小动脉;数量较小动脉多,腔较大而不规则、管壁薄的为小静脉。

(1) 小动脉。
① 内膜：内皮紧贴内弹性膜，内皮的核突入腔内，较小的小动脉内弹性膜不明显。
② 中膜：为数层环行平滑肌组成，管壁相对较厚。
③ 外膜：为少量疏松结缔组织，一般无外弹性膜；与周围结缔组织相连，分界不清。
(2) 小静脉。
① 内膜：非常薄，仅见一层内皮。
② 中膜：可见1～2层排列疏松的平滑肌。
③ 外膜：较薄，不明显。
4．心脏
【材料和方法】人心脏（垂直断面），HE染色。
【肉眼观察】标本凹凸不平，呈浅红色的一面为心内膜；中层较厚，呈红色，为心肌膜；心肌膜外侧为心外膜。
【低倍镜观察】（附图10-4）逐一观察心房、心室及瓣膜的结构，对比三者在结构上有何异同。
(1) 心内膜：较薄，呈淡红色，包括内皮、内皮下层和心内膜下层。内皮为单层扁平上皮；内皮下层为一薄层较细密的结缔组织，内含平滑肌纤维；心内膜下层为疏松结缔组织，其中可见不同断面的蒲肯耶纤维（束细胞），束细胞比心肌纤维粗大，核大，位于细胞中央，胞质着色较浅。
(2) 心肌膜：较厚，主要由心肌纤维组成，镜下可见其各种断面，肌纤维间有少量结缔组织和丰富的血管断面。
(3) 心外膜：为浆膜，即心包膜的脏层，由间皮和结缔组织构成。结缔组织内有小血管和神经束，还有大量的脂肪细胞。
(4) 心瓣膜：为心内膜向心腔内折叠部分，瓣膜表面覆以内皮，中间为致密结缔组织，其中可见染成蓝色的基质，瓣膜根部与纤维环相连。
【高倍镜观察】（附图10-5）
(1) 心内膜：内皮为单层扁平上皮，胞核呈扁圆形；内皮下层内层为细密的结缔组织；心内膜下层含有蒲肯耶纤维，与心肌纤维相比，蒲肯耶纤维短且粗大，形状不规则，胞质较丰富，呈粉红色，染色浅，核大可见1～2个，居中，横纹不明显，细胞间可见闰盘。
(2) 心肌膜：主要由心肌纤维组成，由于肌纤维呈螺旋状排列，所以可见各种切面的肌纤维。
(3) 心外膜：主要为结缔组织，可见血管、神经和脂肪组织。

二、示教切片

1．血窦
【材料和方法】肾上腺，HE染色。

【光镜观察】肾上腺的细胞索之间，可见大小不规则的腔隙，即为血窦。窦壁很薄，仅见一层内皮。

2. 大静脉

【材料和方法】肾上腺，HE 染色。

【光镜观察】管壁较薄，腔大而不规则，管壁结构分三层。内膜薄，仅见内皮和很薄的内皮下层；中膜较薄，环行平滑肌很少；外膜最厚，结缔组织中可见大量纵行平滑肌束的横切面。

【思考题】

1. 光镜下如何区分动脉和静脉。
2. 光镜下如何判断大、中、小动脉。
3. 光镜下如何区分心内膜与心外膜。普通心肌与束细胞有何不同。
4. 说明电镜下毛细血管的种类及结构特点，与其功能有何关系。

第11章 皮 肤

【导读】

皮肤(skin)被覆于体表,由表皮和真皮构成,通过皮下组织与深层组织相连。皮肤有毛、皮脂腺、汗腺和指(趾)甲等附属器。

一、表皮

表皮(epidermis)为皮肤的浅层,由角化的复层扁平上皮构成,表皮细胞分两大类:角质形成细胞和非角质形成细胞。

1. 表皮的分层和角化

表皮各部薄厚不一致,于厚皮(手掌、足底)分为五层。

(1) 基底层(stratum basale):附着于基膜,由一层矮柱状的基底细胞组成,胞质嗜碱性(含丰富游离核糖体);有角蛋白丝(又称张力丝),是表皮的干细胞;在皮肤创伤愈合中具有再生修复作用。

(2) 棘层(stratum spinosum):由4~10层棘细胞构成,细胞呈多边形、表面有棘状突起,与相邻细胞的突起以桥粒相连;胞质弱嗜碱性,可合成角蛋白(形成大量角蛋白丝)与外皮蛋白(增厚胞膜)。

(3) 颗粒层(stratum granulosum):由3~5层梭形细胞组成,细胞核与细胞器已退化,胞质内含许多透明角质颗粒(强嗜碱性;含富有组氨酸的蛋白质)。

(4) 透明层(stratum lucidum):由2~3层扁平细胞组成,细胞界限不清,呈强嗜酸性,细胞核与细胞器均已消失。

(5) 角质层(stratum corneum):由多层扁平的角质细胞组成,细胞已完全角化,变得干硬。细胞呈嗜酸性的均质状,胞质内充满密集、粗大的角蛋白丝和均质状物质,浅表层细胞连接松散,脱落形成皮屑。

2. 非角质形成细胞

(1) 黑素细胞(melanocyte):胞体散在于基底细胞间,突起伸入基底细胞和棘细胞间,光镜下胞体圆形,核深染,胞质透明,电镜下胞质富含粗面内质网、高尔基复合体,有特征性的黑素体,合成黑色素后,转变为黑素颗粒;黑素颗粒转移至角质形成细胞内。黑色素可吸收紫外线,保护皮肤。

(2) 朗格汉斯细胞(Langerhans cell):散在于棘细胞浅层,圆形,核深染,胞质清亮。为抗原提呈细胞,在对抗侵入皮肤的病原生物、监视癌变细胞和排斥移植的异体组织时起重要作用。

(3) 梅克尔细胞(Merkle cell):位于基底层,呈扁平形,有指状突起伸入角质形成细胞之间,于 HE 染色切片不易辨认,基底部胞质含致密核心小泡,基底面与感觉神经末梢形成突触样结构,可能是接受机械刺激的感觉细胞。

二、真皮(dermis)

真皮位于表皮下方,分为乳头层和网织层,二者分界不清。

(1) 乳头层(papillary):由疏松结缔组织向表皮凸入,形成真皮乳头,扩大表皮与真皮的连接面,有丰富的毛细血管和游离神经末梢;在手指等部位含较多触觉小体。

(2) 网织层(reticular layer):为较厚的致密结缔组织,由粗大的胶原纤维交织成网,含有弹性纤维,还含有血管、淋巴管、神经;深层有环层小体。

三、皮肤的附属器

(1) 毛(hair):毛分为毛干、毛根和毛球三部分。毛干和毛根为角化的上皮,细胞内充满角蛋白并含黑素颗粒。毛根周围包有上皮性鞘和结缔组织性鞘,合称毛囊。毛根和毛囊下端合为一体并膨大形成毛球,毛球是毛和毛囊的生长点,内有毛母质细胞(干细胞)和黑素细胞。毛球底面的结缔组织突入其中形成毛乳头,内含丰富的毛细血管和神经末梢,对毛生长起诱导和营养作用。

(2) 皮脂腺(sebaceous gland):位于毛囊和立毛肌之间,为泡状腺。分泌部由囊状腺泡组成,周边细胞小,为干细胞;中心细胞大,核固缩,充满脂滴,在近导管处腺细胞解体,成为皮脂。导管粗而短,开口于毛囊或皮肤表面。

(3) 汗腺(sweat gland):为单曲管状腺,分泌部蟠曲成团位于真皮深层和皮下组织,腺细胞为 1~2 层锥形细胞,淡染;基底部有肌上皮细胞。导管由两层立方细胞构成,开口于皮肤表面的汗孔。

【目的和要求】

1. 掌握皮肤的光镜结构。
2. 掌握角质形成细胞的分化过程及结构变化。
3. 了解黑素细胞和朗格汉斯细胞的结构。
4. 了解皮肤附属器的结构。

【实习内容】

一、切片观察

1. 指皮

【材料与方法】人指皮,HE 染色。

【肉眼观察】染成深色部分为表皮,下方染色浅的部分为真皮和皮下组织。

【低倍镜观察】表皮为角化的复层扁平上皮,表层红色的为角质层,深蓝色的为表皮其他各层;表皮下方为真皮,分为乳头层和网织层,乳头层内可见触觉小体;网织层深部为皮下组织,内有血管、神经束、环层小体和汗腺等(附图 11 - 1)。

【高倍镜观察】

(1) 表皮:为角化的复层扁平上皮,基底面连接真皮的结缔组织,凹凸不平,由基底至表面可分五层。

① 基底层:由一层矮柱状的圆形或卵圆形细胞构成,胞质强嗜碱性,染成深蓝色;

② 棘层:在基底层浅部,由数层多边形细胞构成,核圆形;

③ 颗粒层:由 3~5 层梭形细胞构成,胞质内含有强嗜碱性的透明角质颗粒;

④ 透明层:较薄,染成深红色,无明显结构;

⑤ 角质层:较厚,细胞分界不清,胞质呈粉红色,由数十层角化的扁平细胞组成,无细胞核。可见汗腺导管断面,从深部向浅层走行,并开口于表面的汗孔。

(2) 真皮:分乳头层和网织层两层结构(附图 11 - 3)。

① 乳头层:突向表皮呈乳头状,由较疏松结缔组织构成,其中可见触觉小体或毛细血管。

② 网织层:由致密结缔组织构成,其内可见较大的血管、神经纤维束、环层小体以及汗腺。汗腺分泌腺腔小,由单层柱状细胞围成,细胞染色较浅,核圆,位于基底部。腺细胞与基膜之间有肌上皮细胞。汗腺导管由两层深染的立方细胞围成。

2. 头皮

【材料与方法】人头皮,HE 染色。

【肉眼观察】可见深染的表皮,较薄;真皮和皮下组织中可见染成深蓝色的毛根。

【低倍镜观察】其组织结构基本与指皮相似,但其表皮较薄,真皮内存在有毛、皮脂腺、立毛肌等结构(附图 11 - 4)。

【高倍镜观察】结构与指皮大致相同,注意头皮的特点。

(1) 表皮:为角化的复层扁平上皮。

① 基底层:细胞中常可见较多的棕黄色黑色素颗粒;

② 棘层:比指皮的棘层薄;

③ 颗粒层:细胞 1~2 层,细胞内有嗜碱性透明角质颗粒;

④ 透明层:不明显;
⑤ 角质层:很薄,染成粉色。
(2) 真皮:乳头层不明显。
(3) 皮肤附属器有以下几种。
① 毛发和毛囊:露在皮肤外部者为毛干,埋在皮肤内部者为毛根,毛干有的已脱落;毛根末端膨大为毛球,毛球底部的凹陷处为毛乳头,结缔组织、毛细血管及神经末梢突入毛乳头内;毛根外面包有毛囊,它由数层上皮细胞和结缔组织构成(附图11-5)。
② 皮脂腺:位于毛的一侧,并开口于毛囊,导管短,由两层上皮细胞构成。分泌部呈泡状,染色浅,周边细胞小,染色较深,愈向中心,细胞愈变大,胞质内充满小脂滴,脂滴被溶解而呈空泡状,核固缩(附图11-6)。
③ 立毛肌:位于皮脂腺附近,为一束斜行的平滑肌,其一端附着在毛囊的深部,另一端附着于真皮浅层(附图11-6)。

二、示教切片

体皮

【材料与方法】背部皮肤,HE染色。

【光镜观察】结构类似头皮,表皮没有典型的五层结构,毛发稀少,毛囊短,毛根和毛球含黑素颗粒少,皮脂腺和立毛肌不发达(附图11-2)。

【思考题】

1. 表皮细胞有哪几种?各有什么功能?
2. 简述角质形成的过程。
3. 皮肤的附属器有哪些?

第 12 章 免疫系统

【导读】

免疫系统由淋巴器官、淋巴组织与免疫细胞构成。淋巴器官分为中枢淋巴器官(胸腺与骨髓)与外周淋巴器官(淋巴结、脾与扁桃体)。淋巴组织包括弥散淋巴组织与淋巴小结。

一、淋巴组织

(1) 弥散淋巴组织(diffuse lymphoid tissue):弥散分布,周围无明显界限。以 T 淋巴细胞为主,常见于毛细血管后微静脉,是淋巴细胞从血液进入淋巴组织的通道。

(2) 淋巴小结(lymphoid nodule):又称淋巴滤泡。呈球形小体,有明确界限,含大量 B 淋巴细胞、部分 Th 细胞、滤泡树突状细胞、巨噬细胞等。淋巴小结经抗原刺激后增大,产生生发中心,生发中心分为明区,暗区,小结帽。无生发中心者,称初级淋巴小结;有生发中心者称次级淋巴小结,在抗原刺激下,次级淋巴细胞增大增多,产生大量浆细胞,分泌抗体,参与体液免疫应答。

二、淋巴器官

1. **胸腺**:实质分为皮质与髓质两部分

(1) 皮质(cortex):由胸腺上皮细胞构成支架,间隙内含有大量胸腺细胞和少量基质细胞。胸腺上皮细胞(上皮性网状细胞):呈星形,有突起,以桥粒连接成网;分布于被膜下或胸腺细胞之间;分泌胸腺素和胸腺生成素。胸腺细胞:在胸腺内增殖、分化的早期 T 细胞。凡与机体自身抗原发生反应的 T 细胞,将被淘汰而凋亡。

(2) 髓质(medulla):由大量胸腺上皮细胞、少量初始 T 细胞、巨噬细胞构成。髓质上皮细胞呈多边形,胞体较大,能分泌胸腺激素,部分形成胸腺小体。胸腺小体由胸腺上皮细胞呈同心圆排列而成。外周的细胞核明显,可分裂;近中心的细胞核渐退化,含较多角蛋白;中心细胞完全角化,呈强嗜酸性染色。

(3) 血-胸腺屏障的结构:由连续毛细血管(内皮细胞间有完整的紧密连接),基膜,血管周隙(含巨噬细胞),上皮基膜,一层连续的胸腺上皮细胞五层构成。

第 12 章 免疫系统

2. 淋巴结(lymph node):实质分为皮质与髓质两部分

(1) 皮质:由浅层皮质、副皮质区与皮质淋巴窦组成。浅层皮质由大量淋巴小结构成。副皮质区(paracortical region)位于皮质深层,含有许多高内皮毛细血管后微静脉,内皮细胞呈现立方形,为淋巴细胞重新进入淋巴结的通道。皮质淋巴窦(cortical sinus)包括被膜下窦与小梁周窦。

(2) 髓质:由髓索与髓窦组成。

3. 脾:实质分为红髓和白髓两部分

(1) 白髓(white pulp):包括动脉周围淋巴鞘、淋巴小结和边缘区。动脉周围淋巴鞘为中央动脉周围的弥散淋巴组织,含大量 T 细胞及少量巨噬细胞与交错突细胞;淋巴小结位于动脉周围淋巴鞘一侧,主要含 B 细胞;边缘区为白、红髓交界处的狭窄区域,内有边缘窦(血液淋巴细胞及抗原进入白髓;白髓淋巴细胞进入血液)。

(2) 红髓:包括脾索和脾血窦。脾索由富含血细胞的淋巴组织构成,有较多 B 细胞、浆细胞、巨噬细胞和树突状细胞,笔毛微动脉开口于脾索;脾血窦形态不规则,相连成网,由长杆状内皮细胞围成,细胞间隙大,基膜不完整,周围有大量巨噬细胞;脾索内的血细胞穿越内皮间隙进入脾血窦。

【目的和要求】

1. 掌握淋巴结及脾的结构与功能。
2. 掌握血-胸腺屏障的概念与组成。
3. 了解胸腺的结构与功能。

【实习内容】

一、切片观察

1. 胸腺

【材料与方法】幼儿胸腺,HE 染色。

【肉眼观察】胸腺实质分成许多大小不等的小叶,小叶染色深浅不一,周边着色相对较深,中央着色相对较浅。

【低倍镜观察】(附图 12-1)覆盖胸腺表面的结缔组织为被膜,伸入实质形成小叶间隔。小叶周边部着色比较深的为皮质,中央的为髓质。髓质内大小不等的圆形或形状不规则的结构是胸腺小体,胸腺小体呈嗜酸性。

【高倍镜观察】

① 皮质:胸腺细胞密集,其间还有散在的着色比较浅的胸腺上皮细胞,其有分支状突

起,有时还可见突起间相互连接。

② 髓质(附图12-2):胸腺细胞数量少,胸腺上皮细胞比较多,髓质中还可见胸腺小体,呈圆形或椭圆形,大小不一,由数层胸腺上皮细胞呈同心圆排列构成,外周细胞核明显,小体中央的细胞已完全角质化,呈嗜酸性染色。观察胸腺小体时注意将其与血管断面相区别开来,胸腺小体的上皮多层,呈实心,而小动脉或者微动脉中央有血管腔。

2. 淋巴结

【材料与方法】狗的淋巴结,HE 染色。

【肉眼观察】切面呈圆形或椭圆形,一侧凹陷为门,其周围染成粉红色的带状结构为被膜,被膜下方深蓝色结构为皮质,中央着色浅的部分为髓质。

【低倍镜观察】(附图12-3,附图12-4)器官表面有薄层的结缔组织为被膜,被膜向实质内伸入的细小的条索状结构为小梁。实质可分为周边的皮质与中央的髓质。

① 皮质:位于淋巴结的周边部,由三部分组成。

浅层皮质:位于皮质的浅层,可见许多淋巴小结,淋巴小结浅层及小结之间分布有薄层弥散淋巴组织。淋巴小结呈圆形或不规则圆形,细胞密集,周边染色深,中央染色浅为生发中心。

深层皮质(副皮质区):是浅层皮质单位深面的弥散淋巴组织。

皮质淋巴窦:包括被膜下窦与小梁周窦。

② 髓质:可见髓索与髓质淋巴窦,髓索是淋巴组织形成的条索状结构;髓质淋巴窦位于淋巴索之间,窦内细胞少,排列松散。

【高倍镜观察】

(1) 皮质(附图12-5)。

① 淋巴小结:密集的淋巴细胞团,呈圆形或椭圆形,小结中央染色比较浅,称为生发中心。生发中心发育比较好时还可以分出小结帽、明区与暗区。

小结帽:常呈现新月形,覆于淋巴小结近被膜一侧,由密集的小淋巴细胞构成。

明区:位于生发中心的外侧部,由中等淋巴细胞及网状细胞组成。

暗区:位于生发中心的内侧部,由大淋巴细胞及网状细胞组成。大淋巴细胞,核比较大,胞质着色比较深。

② 副皮质区:位于浅层皮质的深层,为一片弥散的淋巴组织,由密集的 T 淋巴细胞组成,其中还可见毛细血管后微静脉的各种断面,其特点是内皮细胞呈现立方形,核着色比较浅。

(2) 髓质:由髓索与髓窦构成(附图12-6)。

① 髓索:为索状淋巴组织,索内有 B 淋巴细胞、浆细胞与巨噬细胞。

② 髓窦:即髓质内的淋巴窦,相互连接成网状,结构同皮质淋巴窦相似,含有比较多的网状细胞及巨噬细胞。

第12章 免疫系统

3. 脾

【材料与方法】大白鼠脾,HE 染色。

【肉眼观察】被膜内侧着色比较深的为脾实质,在实质中散在的深蓝色的圆形或椭圆形结构为白髓,其余较红色的部分为红髓。

【光镜观察】(附图 12-7)

(1) 被膜与小梁:被膜比较厚,由致密结缔组织构成,内含平滑肌纤维,由于平滑肌数量较多,染色接近肌细胞的红橙色。被膜表面覆有间皮。脾实质中还可见小梁的不同断面,其组成成分与被膜相同。在比较大的小梁中有时还可见小梁动、静脉。

(2) 白髓(附图 12-8):脾实质中还可以见许多散在的染成深蓝色的淋巴组织团块,即白髓,包括脾小体、动脉周围淋巴鞘与边缘区。

① 脾小体:即脾脏内的淋巴小结,多偏心位于动脉周围淋巴鞘的一侧,小结中央常见生发中心。

② 动脉周围淋巴鞘:在脾小体的一侧还可以见 1~2 个小动脉,为中央动脉。其周围包绕着弥散淋巴组织,弥散组织内可见密集的淋巴细胞,所以呈现出蓝色或者蓝紫色,这即是动脉周围淋巴鞘。

③ 边缘区:位于白髓与红髓交界处,淋巴细胞比白髓少,但比红髓密集。

(3) 红髓(附图 12-9):位于边缘区外侧、小梁周围与被膜下方。由脾索与脾血窦组成。

① 脾索:富含血细胞的索状淋巴组织,并互相连接成网,除淋巴细胞外还可见网状细胞、巨噬细胞、红细胞与浆细胞等。

② 脾血窦:位于脾索之间,小梁周围与被膜下方,窦腔不规则,杆状内皮细胞,胞核圆形,染色深,多凸向窦腔。

二、示教切片

腭扁桃体

【材料与方法】人腭扁桃体,HE 染色。

【肉眼观察】切片一侧凹凸不平,着蓝色的部分为口腔黏膜上皮,还可以见上皮深陷形成隐窝。其周围有大量着蓝色淋巴组织,深层呈现粉红色部分为被膜。

【低倍镜观察】

(1) 上皮:为复层扁平上皮,上皮下为固有层结缔组织。

(2) 隐窝:上皮向固有层内深陷形成隐窝,隐窝上皮内有大量淋巴细胞浸润其间,因而上皮细胞排列比较紊乱。找到上皮的底部,以观察上皮的厚度与淋巴细胞浸润的情况。

(3) 淋巴组织:在隐窝周围的固有层内有许多淋巴小结与弥散淋巴组织,有的淋巴小结还可以见生发中心。

(4) 被膜:位于扁桃体深层,由致密结缔组织构成。

【思考题】

1. 简述胸腺、淋巴结、脾的镜下结构及功能,并比较它们的异同点分别是什么?
2. 血-胸腺屏障组成与功能是什么?
3. 简述毛细血管后微静脉的定义、形态和分布。

第13章 内分泌系统

【导读】

内分泌腺的特点：细胞排列成索状、团状或围成滤泡状，没有导管，毛细血管丰富。

(1) 甲状腺(thyroid gland)：实质由甲状腺滤泡构成。滤泡壁由单层立方的滤泡上皮细胞围成，滤泡腔内充满透明的胶质，胶质是碘化的甲状腺球蛋白。滤泡上皮细胞可合成与分泌甲状腺激素，甲状腺激素可促进生长发育，提高神经兴奋性。滤泡旁细胞(parathyroid gland)位于滤泡之间或者滤泡上皮细胞之间，可分泌降钙素。

(2) 肾上腺(adrenal gland)：实质由外周的皮质和中央的髓质构成。皮质：从浅到深分别为球状带，束状带与网状带。球状带分泌盐皮质激素(醛固酮)，能促进远曲小管与集合管保钠排钾；束状带分泌糖皮质激素(皮质醇，还称之为皮质酮)，能促进糖原与蛋白质以及脂肪分解并转变成糖，抑制免疫应答、抗炎症；网状带分泌雄激素，少量雌激素。髓质：中央有中央静脉，还有少量交感神经节细胞，髓质细胞也叫嗜铬细胞，分为两种：肾上腺素细胞和去肾上腺素细胞。肾上腺素细胞分泌肾上腺素；去肾上腺素细胞分泌去肾上腺素。

(3) 垂体(hypophysis)：分为腺垂体(pars distalis)、神经垂体(neurohypophysis)两部分。

腺垂体的远侧部包括三种细胞：嗜酸性细胞，嗜碱性细胞和嫌色细胞。嗜酸性细胞分为两类：生长激素细胞，分泌生长激素(GH)；催乳激素细胞，分泌催乳激素(PRL)。嗜碱性细胞分为三类：促甲状腺激素细胞，分泌促甲状腺激素(TSH)；促肾上腺皮质激素细胞，分泌促肾上腺皮质激素(ACTH)；促性腺激素细胞，分泌卵泡刺激素(FSH)与黄体生成素(LH)。嫌色细胞：功能不清。

垂体门脉系统(hypophyseal portal system)：结节部上端垂体上动脉进入神经垂体漏斗部形成第一级毛细血管网，然后下行到结节部时汇成垂体门微静脉，再下行进入远侧部形成第二级毛细血管网。垂体门微静脉及其两端毛细血管网共同构成垂体门脉系统。

神经垂体主要是由无髓神经纤维、神经胶质细胞和丰富的毛细血管组成。神经胶质细胞又称为垂体细胞。下丘脑前区的神经核、视上核和室旁核分别合成抗利尿激素和催产素，沿着其轴突向下运输到神经垂体存储，并最终释放入静脉窦。

【目的和要求】

1. 掌握甲状腺、肾上腺及脑垂体的结构特点。
2. 了解甲状旁腺的结构特点。

【实习内容】

一、切片观察

1. 甲状腺

【材料与方法】人甲状腺,HE 染色。

【肉眼观察】切片呈椭圆形,还可见若干个不明显小叶。

【低倍镜观察】(附图 13-1)表面薄层结缔组织为被膜,伸入到实质内分隔成界限不明显小叶,小叶内有许多滤泡。滤泡大小不等,滤泡腔内充满呈嗜酸性染色的胶质,靠上皮一侧有少许空泡。滤泡壁为单层立方上皮,滤泡间为滤泡旁细胞与少量结缔组织。

【高倍镜观察】(附图 2-2)

滤泡上皮为单层立方上皮,细胞质呈弱嗜酸性,核圆,位于细胞中央。在滤泡间或滤泡上皮间有滤泡旁细胞,常三五成群或单个存在;胞体大,卵圆形或多边形,胞质染色浅,清亮;核大而圆,染色浅,可见核仁。

2. 甲状旁腺

【材料与方法】人甲状旁腺,HE 染色。

【光镜观察】(附图 13-2)被膜是由薄层结缔组织构成。主细胞为圆形或多边形,核位于细胞中央,多呈条索状排列,有时围成小滤泡。嗜酸性细胞数量少,单个或成群存在,胞体比主细胞大,核小而圆,染色深。

3. 肾上腺

【材料与方法】肾上腺,HE 染色。

【肉眼观察】标本呈三角形或半月形。周围大部分为皮质,比较厚;中央是髓质,比较薄。

【光镜观察】表面为结缔组织组成的被膜,被膜下方为比较厚的皮质。中央为比较薄的髓质(附图 13-4)。

(1) 皮质:自外向内依次为球状带、束状带与网状带。

① 球状带:薄,位于被膜下方,细胞体积小,锥形或柱状,排列呈球团状,胞质染色比较深,嗜酸性。有时,仔细分辨,还可以发现细胞团间含有丰富的窦状毛细血管与少量结缔组织。

② 束状带:比较厚,位于球状带深面,是由单行或双行细胞索及索间窦状毛细血管组

成,细胞比较大,呈多边形,胞质中有大量空泡,因而此层细胞着色浅。

③ 网状带:位于束状带深面,比较薄,细胞索分支吻合成网,胞核小而圆,染色深,有时,仔细分辨,还可以看出胞质内含有棕黄色的脂褐质颗粒。在细胞团索之间有少量结缔组织与丰富的血窦。

(2) 髓质(附图 13-5):位于网状带的深面,主要是由髓质细胞构成,细胞呈多边形,体积比较大。排列呈不规则索状,胞质着色比较浅。细胞索之间有少量结缔组织与丰富的血窦。髓质中央还可见比较大的血管断面即中央静脉。经铬盐染色的切片,还可见胞质内有许多黄褐色的嗜铬颗粒,因此胞质呈棕黄色。交感神经节细胞数量少,胞体大而不规则,核大而圆,染色浅,核仁明显,胞质染色深。

4. 垂体

【材料与方法】人垂体,HE 染色。

【肉眼观察】由两部分组成,染色深的为腺垂体,染色浅的为神经部。

【低倍镜观察】(附图 13-6,附图 13-9)外包有结缔组织被膜。腺垂体大部分为远侧部,显许多排列呈团、索状的腺细胞群,腺细胞团索间有丰富的血窦。紧贴神经部的腺垂体狭窄区为中间部。

【高倍镜观察】

(1) 远侧部(附图 13-7,附图 13-10)。

① 嗜酸性细胞:在远侧部的中央最多,胞体比较大,圆形或椭圆形,核圆形,胞质内含有粗大的嗜酸性颗粒,染成红色。

② 嗜碱性细胞:数量比较少,多分布在远侧部的周边。胞体大小不等,圆形或多边形,核圆或椭圆形,胞质内有嗜碱性颗粒,染成紫蓝色。

③ 嫌色细胞:数量最多,一般常成群存在。细胞比较小,圆形或多角形,胞核圆形,胞质染色淡,细胞界限不明显。

(2) 中间部:细胞多围成滤泡,滤泡上皮为立方或柱状的嗜碱性细胞。滤泡腔内含有粉红色的胶体。滤泡间还有一些嫌色细胞与比较小的嗜碱性细胞。

(3) 神经部(附图 13-8,附图 13-11):神经部的主要成分为大量的无髓神经纤维、垂体细胞(神经胶质细胞)及丰富的窦状毛细血管。垂体细胞(神经胶质细胞)形态不规则,有时,仔细分辨,还可以看出胞质内有棕黄色的色素颗粒。此外,尚可见呈嗜酸性,大小不等的均质团块即赫令氏体。

二、示教切片

甲状腺滤泡旁细胞

【材料与方法】甲状腺,硝酸银染色。

【高倍镜观察】(附图 13-3)在滤泡上皮细胞之间或滤泡之间、单个或成群存在;甲状腺滤泡旁细胞胞质被银染成棕褐色,细胞中央呈圆形空白区为核所在位置。

【思考题】

1. 肾上腺由外向内镜下分别可以看见哪些结构？各有什么功能？
2. 腺垂体远侧部共有几种细胞？镜下形态结构有什么差别，功能有何不同？
4. 神经垂体分别由什么组成？赫令氏体镜下特点是什么？

第 14 章 消 化 管

【导读】

消化管壁(除口腔与咽外)自内向外依次为黏膜、黏膜下层、肌层和外膜。

黏膜(tunicamucosa):由上皮、固有层和黏膜肌层组成,是消化管各段结构差异最大、功能最重要的部分。上皮在消化管的两端(口腔、咽、食管及肛门)为复层扁平上皮,以保护功能为主;其余部分的上皮均为单层柱状上皮,以消化吸收功能为主。固有层(laminapropria)为疏松结缔组织,有丰富的毛细血管和毛细淋巴管。胃肠固有层内富含腺体或淋巴组织。黏膜肌层(muscularismucosa)为薄层平滑肌。

黏膜下层(tunicasubmucosa):为较致密的结缔组织。在食管及十二指肠分别有食管腺和十二指肠腺。在食管、胃和小肠等部位,黏膜和黏膜下层共同向管腔内突起,形成皱襞。

肌层:除食管上段与肛门处为骨骼肌外,其余由平滑肌组成。一般为内环行、外纵行两层,其间可见肌间神经丛,它与黏膜下神经丛的结构相似,可调节肌层的收缩。

外膜:由薄层结缔组织构成的称纤维膜,主要分布于食管和大肠末段;由薄层结缔组织与间皮共同构成的称浆膜,见于胃、大部分小肠与大肠,其表面光滑,有利于胃肠活动。

食管上皮为复层扁平上皮,肌层上 1/3 段为骨骼肌,下 1/3 段为平滑肌,中 1/3 段则兼具骨骼肌和平滑肌;外膜为纤维膜。

胃黏膜上皮为单层柱状上皮。上皮下陷形成胃小凹,胃小凹是胃腺的开口,主要由表面的黏液细胞组成。胃腺位于固有层内,根据其分布部位分为胃底腺、贲门腺、幽门腺。胃底和胃体部含胃底腺(fundic gland),又称泌酸腺(oxyntic gland),由主细胞、壁细胞、颈黏液细胞、干细胞和内分泌细胞组成。主细胞(chief cell),又称胃酶细胞(zymogenic cell),数量最多,具有典型蛋白质分泌细胞的结构特点;分泌胃蛋白酶原经盐酸激活成为胃蛋白酶,可初步消化分解蛋白质。壁细胞(parietal cell),又称泌酸细胞(oxyntic cell),分泌盐酸和抗恶性贫血的内因子。

小肠腔面有环行皱襞,它是由黏膜层和黏膜下层共同向肠腔内突出而成。黏膜表面有许多肠绒毛,由上皮和固有层向肠腔突起而成。绒毛中轴有 1~2 条纵行毛细淋巴管,称中央乳糜管,乳糜微粒入中央乳糜管后输出。此管周围有丰富的有孔毛细血管,肠上皮吸收的氨基酸、单糖等水溶性物质主要经此入血。绒毛根部上皮下陷至固有层内形成小肠腺(small intestinal gland)。肠上皮为单层柱状,被覆在绒毛表面的上皮是吸收细胞、杯状细胞和少量的内分泌细胞。而肠腺上皮除上述细胞外,还有潘氏细胞和干细胞。绒毛表面的吸收细胞游离面在光镜下可见纹状缘,在电镜下是密集排列的微绒毛。环行皱襞、绒毛、微绒毛使小肠的吸收面积增大了600倍。

【目的和要求】

1. 掌握消化管的基本结构及胃与小肠的结构特点。
2. 掌握胃底腺和小肠绒毛及小肠腺细胞的结构特点。
3. 了解食管和结肠的结构特点。

【实习内容】

一、切片观察

1. 食管

【材料和方法】人的食管,Zenker氏液固定,横断石蜡切片,HE染色。

【肉眼观察】食管腔呈不规则腔隙,其腔面起伏不平的一层深紫色带为上皮,上皮之外是管壁的其他各层。

【低倍镜观察】(附图14-1)

(1) 黏膜(附图14-2)。a. 上皮:未角化的复层扁平上皮;b. 固有层:薄层疏松结缔组织,浅部形成许多突起,伸入上皮基底部。固有层内可见淋巴组织、小血管及食管腺导管;c. 黏膜肌层:由横断的纵行平滑肌束构成,肌束间有少量结缔组织。

(2) 黏膜下层:为疏松结缔组织,着粉红色,纤维比较粗大,除细胞外,还有较大的血管。此外,可见此层有黏液性的复管泡状腺即食管腺。腺泡呈圆形、卵圆形或不规则形,腺腔很小,腺细胞呈柱状或锥状,胞质着浅蓝色,核染色深,呈半月状,位于细胞基底部。腺体小导管由单层立方或柱状上皮围成,大导管则由复层柱状以至复层扁平上皮围成。

(3) 肌层:根据取材部位的不同,其肌组织类型也不同。若取自食管上1/3部分,则为骨骼肌;若取自下1/3部分,则为平滑肌;若取自中1/3部分,则出现这两种肌组织的混合。它们一般可分为内环、外纵两层,两层之间由结缔组织分隔,其中可见肌间神经丛。

(4) 外膜:为疏松结缔组织构成的纤维膜。

2. 胃底

【材料和方法】人的胃底部组织,Zenker氏液固定,石蜡切片,HE染色。

【肉眼观察】为一块长条形组织,一面呈高低不平显紫色者是黏膜,另一面染成粉红色者为胃壁的黏膜下层、肌层、浆膜。

【低倍镜观察】分清胃壁四层结构(附图14-3)。

(1) 黏膜:靠近腔面,表面由单层柱状上皮覆盖,有许多较浅的上皮凹陷即是胃小凹,上皮下方为固有层,其中大部分由胃底腺所占据,结缔组织很少,被挤在腺体之间。固有层下可见两或三层平滑肌,为黏膜肌层,这些肌纤维的排列为内环、外纵或内环、中纵、外环。

(2) 黏膜下层:位于黏膜肌层下方,由疏松结缔组织构成,其中常见较大的血管,间或可见黏膜下神经丛(麦氏神经丛)。

(3) 肌层:为平滑肌,其肌纤维排列成两或三层,为内环、外纵或内斜、中环、外纵。在环行和纵行平滑肌间可见肌间神经丛(欧氏神经丛)。

(4) 浆膜:由间皮和间皮下薄层疏松结缔组织组成。

【高倍镜观察】(附图14-4,附图14-5)进一步仔细观察胃底黏膜的构造,可见其固有层有很多胃底腺的断面。胃底腺是分支或不分支的单管状腺,开口于胃小凹,它在标本上被切成圆形、卵圆形或长条形。选择胃底腺的纵断面观察下列各种细胞。

(1) 主细胞:是胃底腺的主要细胞,数目最多,分布于胃底腺底部。细胞呈柱状,细胞核圆形,位于细胞的底部,胞质基部嗜碱性,染成紫蓝色(电镜下是什么结构?作用是什么?)。细胞顶部含有大量的酶原颗粒(酶原颗粒在此标本中溶解,不能看到),这种细胞分泌胃蛋白酶原,故又称之为胃酶细胞。

(2) 壁细胞:较主细胞少,多分布于胃底腺的上半部分。胞体较大呈圆形或三角形,细胞核圆形,位于细胞的中央,有时可见双核。胞质呈嗜酸性,染成深红色,此细胞分泌盐酸,又称盐酸细胞。

(3) 颈黏液细胞:数量较少,主要位于胃底腺的颈部,夹在壁细胞之间。细胞界限不易分清,细胞呈柱状或烧瓶状,细胞核呈扁圆形,位于基底部,胞质染色甚浅,故须仔细观察方可辨认。

(4) 内分泌细胞:此标本能否看到?为什么?

3. 小肠

【材料和方法】人的小肠,Susa液固定,石蜡切片,HE染色。

【肉眼观察】切片中染成蓝紫色有较大突起的一面为黏膜,这些较大突起为小肠皱襞。仔细观察,在这些小肠皱襞上还可见无数的指状小突起,这些小突起即为小肠绒毛。

【低倍镜观察】(附图14-6,附图14-7,附图14-8,附图14-9)分清小肠壁的四层结构。

(1) 黏膜(附图14-10,附图14-11,附图14-12,附图14-13):黏膜表面有指状突起,突向管腔,是小肠绒毛。小肠绒毛形状不一,以十二指肠和空肠上端最为发达,十二指肠的绒毛呈叶状,空肠绒毛呈指状,回肠绒毛呈锥状。在固有层中可见腺的不同断面,此即为肠腺。固有层下方的黏膜肌层由内环、外纵两层平滑肌组成。

(2) 黏膜下层:在黏膜下方由较疏松的结缔组织构成,其中有血管、淋巴管和黏膜下神经丛等。

(3) 肌层:在黏膜下层下方,由内环、外纵两层平滑肌组成,两层间常见肌间神经丛。

(4) 浆膜:在肌层外面,由少量疏松结缔组织和间皮组成。

【高倍镜观察】重点观察以下结构。

(1) 小肠绒毛(附图14-14,附图14-15):为指状的黏膜突起,突向管腔。覆盖绒毛表面的是单层柱状上皮,在柱状的吸收细胞之间夹杂有杯状细胞。吸收细胞顶部有纵行的纹状缘。绒毛中轴是固有层,其中央有时可见中央乳糜管,此外,还可见毛细血管、平滑肌纤维、淋巴细胞。分散的平滑肌纤维沿绒毛中轴纵行排列,它们与绒毛的运动有关。

(2) 小肠腺:为单管状腺,由相邻绒毛根部之间的上皮下陷到固有层内而成,选择一断面观察小肠腺的细胞。

① 柱状细胞:又称吸收细胞。

② 杯状细胞:位于吸收细胞之间,呈高脚酒杯状,细胞质顶部充满黏液性分泌颗粒,在制片过程中分泌颗粒溶解而呈空泡状,基底部较细窄,细胞核位于基底部,常为较小的三角形或扁形,染色质浓密,着色较深。

③ 潘氏细胞:位于肠腺底端,常三五成群,细胞呈锥体形,胞质顶部含有粗大的嗜酸性颗粒,染成红色。

④ 嗜银细胞(内分泌细胞):在普通染色标本上不能见到(参见本章示教)。

4. 结肠

【材料和方法】人的结肠,Susa液固定,石蜡切片,HE染色。

【肉眼观察】一面凹凸不平,染成蓝紫色的是黏膜,另一面染为粉红色的是肠壁的其他结构。

【低倍镜观察】(附图14-16)

(1) 黏膜:无绒毛。上皮以下固有层中充满大量肠腺,大肠腺为单直管状腺,开口于黏膜表面。在固有层结缔组织中可见孤立的淋巴小结和弥散淋巴组织。

(2) 黏膜下层:为疏松结缔组织,其内有较大的血管和黏膜下神经丛等。

(3) 肌层:为内环、外纵两层平滑肌。在外纵行的平滑肌中,可见有1~2处肌层增厚,为结肠带。两肌层间有少量结缔组织和肌间神经丛。

(4) 浆膜:外表覆盖一层间皮细胞,间皮下结缔组织内富于脂肪组织,可形成突出于表面的突起,称之为肠脂垂(此标本上不一定切到)。

【高倍镜观察】(附图14-17)结肠上皮和肠腺均为单层柱状上皮,柱状细胞的纹状缘不如小肠明显。在肠上皮及腺上皮细胞间夹杂有大量杯状细胞,但无潘氏细胞。单管状的大肠腺在切片上可被纵切成管状,或横切、斜切成几个椭圆形。大肠腺的嗜银细胞在此标本上不能显示出来(需特殊染色法方可显示,参见本章示教)。

二、示教切片

1. 食管—贲门

【材料和方法】人食管与胃贲门交界处组织,Zenker氏液固定,纵断石蜡切片,HE染色。

【肉眼观察】为一块长方形组织,一面是高低不平且染色较深的黏膜,其余为食管—贲门壁的黏膜下层、肌层和外膜。

【低倍镜观察】(附图14-18)

(1) 黏膜:重点观察上皮,食管端为复层扁平上皮,贲门部为单层柱状上皮,二者在食管—贲门交界处突然变化,分界十分明显。另外,贲门的单层柱状上皮还凹陷形成胃小凹,上皮深部为固有层,在贲门部含有大量贲门腺,少量结缔组织夹在腺体之间。贲门腺为单管腺或分支管状腺,腺管比较弯曲,因此所见腺的横断面相对较多,腺体直接开口于胃小凹底部,此腺主要由黏液性腺细胞组成,可见夹杂有壁细胞。黏膜肌在食管端为一层纵行平滑肌,近贲门处渐增厚,并渐移行为胃的黏膜肌即内环、外纵两层。

(2) 黏膜下层及肌层:均移行为胃的结构,具体见标本胃底。

(3) 外膜:在食管端为纤维膜,近贲门处则由浆膜覆盖。

2. 阑尾

【材料和方法】人手术摘除的阑尾,Susa液固定,横断石蜡切片,HE染色。

【肉眼观察】腔面不整齐的紫色层是黏膜,外面环绕的粉红色部分为黏膜下层、肌层、浆膜。

【低倍镜观察】(附图14-19)分清阑尾四层结构。

黏膜构造类似结肠,但固有层内肠腺很少,淋巴细胞和淋巴小结很发达,有时侵入黏膜下层,以致黏膜肌层很不完整,黏膜下层含大量淋巴组织及脂肪细胞。肌层的内环层较厚,外纵层较薄,没有结肠带,外膜即浆膜。

【高倍镜观察】黏膜上皮及肠腺中的杯状细胞较少,黏膜肌层由于固有层及黏膜下层的淋巴组织较发达以致断断续续很不完整。淋巴小结的生发中心和暗区、明区及帽部很明显。

3. 中央乳糜管

【材料与方法】用生猪油喂豚鼠,然后取其小肠,固定在AOB液中(3%重铬酸钾8mL,2%锇酸2mL,冰醋酸一滴),做成石蜡切片。

【高倍镜观察】(附图14-20)本方法可将脂滴染成黑色。给豚鼠喂油脂后,其肠道中的胰脂肪酶水解油脂,水解后的产物被小肠吸收细胞所吸收,并在终末网以下胞质中重新合成脂肪,而后经过固有层结缔组织输入中央乳糜管。故借染脂肪可将中央乳糜管和吸收细胞游离端的纹状缘及胞质内的脂滴显示出来。

(1) 小肠的吸收细胞:游离端可见被染成黑色,吸收细胞内有许多大小不等的黑色脂滴。

(2) 中央乳糜管被纵切,由于位于小肠绒毛中轴的结缔组织内,所以管壁的结构不能显示,腔内充满了染成黑色的脂肪。

4. 肠嗜银细胞

【材料与方法】兔小肠,10%甲醛固定,石蜡切片,Fontana 氏银液浸染。

【低倍镜观察】选择小肠绒毛或肠腺,在其上皮中找到含有深棕黄色颗粒的细胞,换高倍镜观察。

【高倍镜观察】(附图 14-21)细胞呈柱状或锥体形,胞质中含许多粗大、深棕色的嗜银颗粒,多位于细胞基底部;胞核圆形,着浅棕黄色,有时嗜银颗粒很多,以致细胞核的轮廓分辨不清。

【思考题】

1. 光镜下如何区分消化管壁的四层结构。
2. 根据镜下所见,比较各段消化管各有哪些结构特征?
3. 胃、小肠和大肠的上皮向固有层凹陷各形成哪些结构,光镜下如何区分?
4. 镜下比较三段小肠(十二指肠、空肠和回肠)结构的异同。

第 15 章 消 化 腺

【导读】

大唾液腺有腮腺、下颌下腺、舌下腺各一对,外包结缔组织被膜,实质由腺泡和导管组成。腺泡(acinus)分浆液性、黏液性和混合性三类。导管由闰管、纹状管、小叶间导管和总导管构成。腮腺为浆液性腺,分泌物含大量唾液淀粉酶;下颌下腺为混合性腺,浆液性腺泡(serous acinus)较多,分泌物含唾液淀粉酶和黏液;舌下腺为混合性腺,以黏液性腺泡(mucous acinus)为主,分泌物主要为黏液。

胰腺(pancreas):外覆薄层结缔组织被膜,实质由外分泌部和内分泌部(胰岛)组成。

外分泌部为浆液性腺。腺泡细胞具有浆液性细胞的形态特点,分泌多种消化酶。腺泡腔面有少量扁平的泡心细胞(centroacinar cell),是延伸入腺泡腔内的闰管起始部上皮细胞。导管包括闰管、小叶内导管、小叶间导管和一条主导管,管腔逐渐增粗,上皮由单层立方变为单层高柱状上皮。导管上皮细胞可分泌水和碳酸氢盐等电解质。

胰岛(pancreas islet):是由内分泌细胞组成的大小不等的球形细胞团,散在分布于腺泡之间,主要有 A、B、D、PP 四种细胞,HE 染色切片中不易区分。A 细胞较多,分泌高血糖素(glucagon),使血糖升高;B 细胞数量最多,分泌胰岛素(insulin),可使血糖降低;D 细胞分泌生长抑素,以旁分泌方式作用于邻近的 A 细胞、B 细胞或 PP 细胞,抑制这些细胞的分泌活动。

肝为实质性器官,是人体最大的腺体。肝的表面覆以致密结缔组织被膜,肝实质被结缔组织分成许多肝小叶,肝小叶之间各种管道密集的部位为门管区。

肝小叶(hepatic lobule):是肝的基本结构单位,有 50 万~100 万个。肝小叶呈多角棱柱体,中央有纵形的中央静脉,周围有肝细胞(hepatocyte)排列为不规则的肝板(hepatic plate)或在切片上呈现为肝索(hepatic cord),肝板间为肝血窦(hepatic sinusiod),它们均以中央静脉为中心呈放射状排列。肝血窦内有肝巨噬细胞又称库普弗细胞(kuffer's cell),能清除进入肝内的抗原异物、清除衰老的血细胞和肿瘤细胞;肝血窦内有肝内大颗粒淋巴细胞(large granular lymphocyte,LGL),属 NK 细胞,在抵御病毒感染、防止肝内肿瘤方面有重要作用。肝血窦内皮与肝细胞之间的狭小间隙称窦周间隙(perisinusoidal space),又常称 Disse 间隙,内有贮脂细胞(fat-storing cell),能贮存维生素 A。胆小管(bile canaliculi)是相邻肝细胞之间局部质膜凹陷形成的微细管道。

门管区(portal area):为相邻肝小叶之间的结缔组织,内有小叶间静脉、小叶间动脉和小叶间胆管,合称门三联管。

【目的和要求】

1. 了解三对大唾液腺的结构和功能。
2. 掌握肝脏和胰腺的结构及功能。
3. 了解肝细胞的超微结构。

【实习内容】

一、切片观察

1. 胰腺

【材料和方法】人的胰脏,Helly 氏液固定,石蜡切片,HE 染色。

【肉眼观察】外形不规则、呈大小不等的小区域即为胰腺小叶。

【低倍镜观察】(附图 15-1)

(1) 外周部可见少量疏松结缔组织构成的被膜,被膜的结缔组织伸入腺实质,把它分隔成许多小叶,小叶间结缔组织少,使小叶分隔并不明显,其内有单层低柱状上皮所构成的小叶间导管,小叶内有腺泡及导管的各种断面。

(2) 胰岛散在于腺泡之间,呈大小不等、染色较浅的细胞团。

【高倍镜观察】(附图 15-2,附图 15-3)

(1) 腺泡:为纯浆液性腺泡。腺泡细胞呈锥体形,细胞核圆形,着紫色,位于基底部,胞质基部有大量核外染色质,呈强嗜碱性,着色较深。胞质顶端含酶原颗粒,呈嗜酸性,着色较红(若此种颗粒在制片时未被保存下来,则呈空泡状)。在腺泡腔中央常见有泡心细胞,其细胞核呈扁圆形,着紫色,位置贴附在腔面,胞质着色很浅。

(2) 闰管:较长,管径甚小,由单层扁平上皮或单层立方上皮构成,周围有薄层结缔组织,有时可见闰管与泡心细胞相连续。切片内闰管的断面较多。

(3) 小叶内导管:位于小叶之内,管腔较大,单层立方上皮,周围结缔组织逐渐增多。

(4) 小叶间导管:位于小叶之间,管腔更大,上皮变为低柱状细胞,周围结缔组织更多。

(5) 胰岛:为散在分布于外分泌部之间的染色浅、大小不等、形态不定的细胞团,周围有少量结缔组织与腺泡相分隔。胰岛细胞呈圆形、椭圆形或多边形、不规则排列,相互连接成索状或团状,细胞核呈圆形,位于细胞中央。在 HE 染色标本上,胰岛细胞的胞质一

第15章 消化腺

般呈粉红色,不易分类。

2. 肝(人)

【材料和方法】人的肝脏,Zenker 氏液固定,石蜡切片,HE 染色。

【肉眼观察】在切片边缘可见一粉红色的细线,即为被膜的切面,标本实质中可见许多小腔多为中央静脉。

【低倍镜观察】(附图 15 - 4)

(1) 被膜:由致密结缔组织组成,富含弹性纤维,被膜大部分有浆膜覆盖。肝门处的结缔组织随门静脉、肝动脉和肝管的分支伸入肝实质,将实质分隔成许多肝小叶。

(2) 肝小叶:呈多边形或不规则形,相邻肝小叶之间结缔组织极少,几乎看不到,因而使得肝小叶之间分界不清。各肝小叶的切面不全相同,在横断肝小叶中,其中央有一条中央静脉的横切面。肝细胞以此为中心呈索状(或板状)向四周略呈放射状排列,称之为肝细胞索或肝板,肝板之间的腔隙为肝血窦。

(3) 门管区:在相邻肝小叶之间结缔组织较多的地方,内含有小叶间动脉、小叶间静脉和小叶间胆管的断面。

(4) 小叶下静脉:位于肝小叶之间,但它是一条单独走行的小静脉,管径比中央静脉粗大,管壁完整。

【高倍镜观察】进一步仔细观察肝小叶的构造(附图 15 - 5)。

(1) 肝索(肝板):由一行或两行肝细胞组成。肝细胞的体积较大,呈多边形,细胞内有 1~2 个细胞核,可见核仁,胞质呈粉红色。相邻肝细胞之间本应有胆小管存在,但在此标本中不能显示出来,为什么?

(2) 肝血窦:为肝板之间的空隙,窦壁衬以内皮,内皮细胞核呈扁圆形突入血窦腔内。在血窦腔内有许多体积较大,形状不规则的具有吞噬能力的星形细胞,即为库普弗细胞(在此标本中较难分辨)。血窦向内与中央静脉相连通。

(3) 门管区(附图 15 - 6):在邻近几个肝小叶之间的结缔组织内,常见下列三种管道伴行。

① 小叶间静脉:管腔较大而不规则,壁甚薄,内皮外仅有少量散在的平滑肌。

② 小叶间动脉:是肝动脉的分支,管径较细,腔小,管壁相对较厚,内皮外有几层环行平滑肌。

③ 小叶间胆管:管径较小,管壁由单层立方上皮构成,胞质清明,细胞核呈圆形,着色较深。

3. 肝(猪)

【材料和方法】猪的肝脏,Helly 氏液固定,石蜡切片,HE 染色。

【肉眼观察】可见标本被分成许多小区域,即为猪肝的肝小叶。

【低倍镜观察】(附图 15 - 7)

(1) 被膜:只在一侧可见少许被膜,由结缔组织组成。

(2) 肝小叶：呈多边形或不规则形，小叶周边结缔组织比人肝的多，故肝小叶界限清楚。

中央静脉位于肝小叶中部，但并非完全位于中央，而且在有的肝小叶中找不到中央静脉(可能与肝小叶的切面有关)。肝板及肝血窦均比较清楚。

(3) 门管区：在相邻肝小叶之间结缔组织较多的地方，内含有小叶间动脉、小叶间静脉和小叶间胆管的断面。

【高倍镜观察】要求同人肝标本(附图15-8，附图15-9)。

4. 腮腺

【材料和方法】人的腮腺，Susa液固定，石蜡切片，HE染色。

【肉眼观察】可见标本的一面包有很薄的红染的被膜，标本本身被许多粉染的小隔分成许多小区，即为唾液腺小叶。

【光镜观察】(附图15-10，附图15-11)

(1) 唾液腺小叶：由被膜伸入实质的结缔组织分隔而成，其内充满腺泡和导管。腺泡全是浆液性腺泡，导管位于腺泡之间，分泌管粗而腔宽、红染，闰管细而腔窄。

(2) 闰管：为管腔细窄的小导管。管径较腺泡小得多。管壁为单层立方或单层扁平上皮，其细胞核细长而深染，胞质着色浅红，管腔内间或可见红色分泌物。

(3) 分泌管：管腔较闰管大，管壁上皮呈单层柱状。细胞核圆形，居细胞中央或稍偏顶端。胞质嗜酸性强，着鲜红色，在细胞的基部有垂直于基底面的红色纵纹。

(4) 小叶间导管和总导管：走行小叶间结缔组织内的是小叶间导管，较粗，多为假复层柱状上皮。小叶间导管逐渐汇合增粗，最后形成一条或几条总导管开口于口腔，导管近开口处为复层扁平上皮，此标本看不到。

5. 舌下腺

【材料和方法】人的舌下腺，Zenker氏液固定，石蜡切片，HE染色。

【肉眼观察】标本呈一片蓝紫色，仔细观察可见有被红染的细条所分成的小块，即为唾液腺小叶。

【低倍镜观察】(附图15-12)

(1) 小叶：其内充满了圆形、卵圆形或不规则形的腺泡，其颜色深浅不一，色深者是浆液性腺泡，色浅者是黏液性腺泡，另外还有深浅混合的混合性腺泡，但主要以黏液性腺泡为主。小叶内不见有细小的闰管，偶见少数染成红色的分泌管。

(2) 小叶间隔：由结缔组织构成，其中有较大的小叶间排泄管，其形态与在腮腺中所见到的相同。

【高倍镜观察】(附图15-13)重点观察唾液腺小叶的构造。

(1) 腺泡，可分为三型。

① 浆液性腺泡：占少数，构造与腮腺所见相同。

② 黏液性腺泡：占多数，由黏液性腺细胞组成。细胞呈锥体形或柱状，细胞核呈扁圆

形,贴近细胞的基底部,胞质着色浅淡,呈清明或淡蓝色。

③ 混合性腺泡:由浆液性、黏液性两型腺细胞组成。其排列方式有两种。

A. 两种腺细胞并存,其中黏液性腺细胞多居于腺泡的颈部,而浆液性腺细胞位于腺泡的末端。

B. 黏液性腺细胞在内,浆液性腺细胞在切片中排列呈月牙状包绕在外,此结构称为半月。

以上各种腺泡与基膜之间均有肌上皮细胞。

(2) 分泌管:舌下腺的分泌管甚短,故被切到的机会也很小。如能见到,其结构与在腮腺中所见相同。

6. 颌下腺

【材料和方法】人的颌下腺,Zenker 氏液固定,石蜡切片,HE 染色。

【肉眼观察】可见标本呈许多蓝紫色的小块,即为唾液腺小叶。

【光镜观察】(附图 15 - 14,附图 15 - 15)

(1) 小叶:其内充满了圆形、卵圆形或不规则形的腺泡,颜色深浅不一,以色深的浆液性腺泡为最多,色浅的黏液性及混合性腺泡较少,在混合性腺泡中可见半月。腺泡细胞与基膜之间亦有肌上皮细胞。小叶内闰管的断面较少,但可见许多红染的分泌管的切面。

(2) 小叶间隔:同上述其他唾液腺。

二、示教切片

1. 胰岛

【材料和方法】动物胰腺,Bouin 氏液固定,石蜡切片,Azocarmine-Mallory 染色。

【高倍镜观察】(附图 15 - 16)

(1) A 细胞:胞质颗粒为鲜红色,胞体较大,数量较少,位于胰岛周边。

(2) B 细胞:胞质颗粒为橙黄色,胞体较小,细胞界限不清,数量较多,位于胰岛中部。如果用醛品红-亮绿染色,B 细胞呈绿色(附图 15 - 17)。

(3) D 细胞:胞质呈淡蓝色,胞体较大,数量很少,位于胰岛周边。

2. 胆小管

【材料与方法】取小块动物肝脏,按 Kopsch 法制备标本,以 3% 重铬酸钾 80mL 加 40% 福尔马林 20mL 混合液固定,入 3% 硝酸银液中浸染,火棉胶包埋,切片厚 30 μm。

【低倍镜观察】肝细胞质及胞核均显淡黄色,肝血窦也不甚清楚,胆小管呈棕黄色线条,相互连接成网状。

【高倍镜观察】(附图 15 - 18)肝细胞质稍显淡黄色。胆小管位于肝细胞之间,是由相邻肝细胞膜凹陷形成的微细管道,被染成棕黄色,呈细线状相互连接成网,管壁即为肝细胞的细胞膜。

3. 肝糖原

【材料与方法】取小块动物肝脏,Carnoy 氏液固定,石蜡切片,PAS 反应,苏木精复染。

【低倍镜观察】紫红色的颗粒即肝糖原,位于肝细胞的胞质中。细胞核的反应为阴性,经苏木精复染而呈蓝紫色。肝糖原在肝小叶内的分布情况为:中央带肝细胞的糖原含量较少,周缘带肝细胞的糖原含量较多。

【高倍镜观察】(附图15-19)肝细胞内紫红色的糖原颗粒大小不等,形态不一,有的聚积成块。肝细胞内的糖原含量各不相等。

4. 肝巨噬细胞

【材料与方法】鼠肝,给大鼠腹腔内注射台盼蓝染液,隔日1次,共两次,次日杀死动物取材,Susa 液固定,石蜡切片,偶氮卡红染色。

【低倍镜观察】找到肝血窦,在肝板之间的血窦中可见许多含蓝色颗粒的细胞即肝巨噬细胞,细胞核染成红色。

【高倍镜观察】(附图15-20)肝巨噬细胞为不规则形,位于肝血窦内,细胞质内有许多蓝色的细胞所吞噬的台盼蓝颗粒,胞核呈红色。肝细胞为多边形,界限比较清楚,胞体比较大,胞质和胞核均为红色,核仁比较清楚。

5. 胆囊

【材料和方法】狗的胆囊,Susa 液固定,石蜡切片,HE 染色。

【肉眼观察】胆囊壁起伏不平,染成紫色的一面即为胆囊的腔面,另一面平直;染成粉红色的为胆囊壁的其他部分。

【光镜观察】(附图15-21)

(1) 黏膜:可突出许多高低不等且有分支的皱襞。皱襞间上皮下陷而成黏膜窦,在断面上有时可呈封闭的腔。上皮为单层柱状上皮,固有层由薄层结缔组织组成,其内含有丰富的血管等。

(2) 肌层:由平滑肌组成。平滑肌纤维排列较稀疏,且不太规则,大致可分为内环、外纵两层。

(3) 外膜:除与肝附着处为纤维膜外,其他部分皆为浆膜。

【思考题】

1. 肝小叶由那些结构构成?肝细胞和肝血窦有何结构特点?
2. 门管区位于何处?小叶间动脉、小叶间静脉和小叶间胆管三种管道如何区分?
3. 如何区分胰腺外分泌部和内分泌部,其各自的结构特点是什么?

第16章 呼吸系统

【导读】

呼吸系统包括鼻、咽、喉、气管、支气管和肺。

(1) 气管：管壁由黏膜、黏膜下层和外膜构成。黏膜由上皮和固有层组成，上皮为假复层纤毛柱状上皮，固有层为含有淋巴组织和弹性纤维的结缔组织构成；黏膜下层由结缔组织构成，其中含有混合性腺；外膜由结缔组织构成，其中有"C"字形透明软骨环（气管）。

(2) 肺：实质包括导气部和呼吸部。肺导气部无肺泡，包括叶支气管、小支气管、细支气管和终末细支气管（terminal bronchiole）；肺呼吸部包括呼吸性细支气管、肺泡管、肺泡囊、肺泡。

① 呼吸性细支气管：管壁结构中开始于肺泡开口，在肺泡开口处，单层立方上皮移行为单层扁平上皮。

② 肺泡管（the alveolar ducts）：含有大量气泡，相邻肺泡开口之间有结节状膨大。

③ 肺泡囊（alveolar sac）：几个肺泡共同开口的一个囊腔。

④ 肺泡（alveolar）：半球形的小囊，由单层肺泡上皮与基膜组成。肺泡上皮由Ⅰ型肺泡细胞与Ⅱ型肺泡细胞组成。

Ⅰ型肺泡细胞（type Ⅰ alveolar cell）：电镜下Ⅰ型肺泡细胞少，细胞呈扁平形，极薄，覆盖肺泡表面积的95%。

Ⅱ型肺泡细胞（type Ⅱ alveolar cells）：Ⅱ型肺泡细胞多，只覆盖肺泡5%表面积，细胞呈立方形，胞质呈泡沫状。Ⅱ型肺泡细胞可分泌表面活性物质，表面活性物质有降低肺泡表面张力，稳定肺泡大小的作用；Ⅱ型肺泡细胞还能修复肺泡上皮，增生并转化为Ⅰ型肺泡细胞。

肺泡隔（interalveolar septum）：相邻肺泡之间的薄层结缔组织构成肺泡隔，其内有密集的毛细血管和丰富的弹性纤维，其弹性起回缩肺泡的作用。

气血屏障：是肺泡内气体与血液内气体进行交换所通过的结构，包括肺泡表面液体层、Ⅰ型肺泡细胞与基膜、薄层结缔组织、毛细血管基膜与内皮。

【目的和要求】

1. 掌握气管与支气管的组织结构。
2. 掌握肺的组织结构及功能。

【实习内容】

一、切片观察

1. 气管

【材料与方法】气管（横断），HE 染色。

【肉眼观察】可见一管腔断面。蓝色半环形圈为气管软骨环，缺口为气管的背侧。

【光镜观察】管壁由内向外分为黏膜，黏膜下层与外膜三层结构（附图16-1）。

（1）黏膜：位于气管壁最内层，由上皮、固有层组成。

上皮：假复层纤毛柱状上皮；固有层：结缔组织，其中可见纵行的弹性纤维（气管横切面上弹性纤维呈红色细点状），气管腺的导管及小血管等结构。

（2）黏膜下层：位于黏膜下方，由疏松结缔组织构成，与固有层无明显界限，内含混合性腺、血管及神经纤维束等。

（3）外膜：由结缔组织与"C"形透明软骨环构成。

2. 肺

【材料与方法】人肺，HE 染色。

【肉眼观察】肺结构呈海绵状，内有大小不等的小腔隙。

【光镜观察】（附图16-2，附图16-3，附图16-4）肺表面被覆结缔组织被膜，实质可分导气部与呼吸部。

（1）导气部：可见小支气管，细支气管与终末细支气管。

① 小支气管：管腔较大，黏膜上皮亦为假复层柱状纤毛上皮，细胞间混有杯状细胞，常见孤立淋巴小结。黏膜深层有散在的平滑肌。黏膜下层含有混合性腺，外膜由结缔组织与透明软骨片构成。可见小血管、淋巴管与细的神经束。

② 细支气管及终末细支气管：管腔比小支气管细，管壁薄，黏膜突向管腔形成许多纵行皱襞。上皮为单层柱状，杯状细胞少或完全消失。混合性腺与软骨片消失，黏膜深层的平滑肌形成完整的环行肌层。

（2）呼吸部：管壁有肺泡开口，终末为肺泡。

① 呼吸性细支气管：管壁与终末细支气管相似，但有少量肺泡开口，管壁上皮为单层立方上皮。上皮深面有少量结缔组织与平滑肌束。

② 肺泡管与肺泡囊：肺泡管由许多肺泡组成。在相邻肺泡开口处有结节状膨大，突

第16章 呼吸系统

入管腔。肺泡囊是许多肺泡的共同开口处,但相邻肺泡开口处无结节状膨大。

③ 肺泡:是多面形的囊泡,相邻肺泡由薄层肺泡壁相隔。肺泡隔内有丰富的毛细血管;很难区别内皮细胞与肺泡细胞。在肺泡隔或肺泡腔内,常可见到体积大而圆的肺泡巨噬细胞,胞质内可见被吞噬的黑色炭末颗粒,此即尘细胞。

二、示教切片

1. 鼻嗅部黏膜

【材料与方法】人上鼻甲,HE 染色。

【肉眼观察】标本的光滑面为鼻嗅部黏膜。

【光镜观察】

(1) 上皮:黏膜表面被覆假复层柱状上皮,上皮细胞分三种。

① 嗅细胞:呈梭形,细胞核圆形,多位于上皮中层,细胞顶部有少数嗅毛;

② 支持细胞:分布在嗅细胞之间,细胞高柱状,顶部较宽基部较窄,细胞核圆形,多位于上皮表层,有时在细胞质内可见到黄色颗粒;

③ 基细胞:位于上皮的基底部,细胞锥体形,细胞核圆形,位于细胞中央,染色较深。

(2) 固有层:由结缔组织构成,其中可见嗅腺、血管及神经束(嗅丝)。

2. 肺弹性纤维

【材料与方法】人肺,地衣红染色。

【高倍镜观察】(附图 16-5) 肺实质内肺泡的周围有染成黄褐色呈细丝状的弹性纤维缠绕,在导气部管壁固有层亦有弹性纤维分布。

3. 肺巨噬细胞

【材料与方法】人肺,HE 染色。

【高倍镜观察】(附图 16-6) 在肺泡腔或肺泡隔内可见胞体较大,圆形或不规则形,胞质内含黑色颗粒的巨噬细胞又称尘细胞,此外在肺泡隔内尚有一些未吞噬尘粒的巨噬细胞。

【思考题】

1. 光镜下气管的结构特点是什么?
2. 区分肺的导气部与呼吸部?肺泡的组织结构特点是什么?
3. 呼吸系统特有的参与防御的结构有哪些呢?

第17章 泌尿系统

【导读】

肾(kidney)实质是由肾单位与集合小管(collecting tubule)组成。

(1) 肾单位(nephron)由肾小体与肾小管组成,是形成尿液的基本结构功能单位。

① 肾小体:包括血管球(glomus)与肾小囊(renal capsule)。肾小体分血管极与尿极。血管球是一团蟠曲的毛细血管袢,内皮上有孔。肾小囊是肾小管起始部膨大凹陷而成的双层囊状结构,分为壁层和脏层,二者之间为肾小囊腔。脏层由足细胞构成,足细胞突起中间有裂孔,孔上覆以薄膜,称裂孔膜。滤过屏障(filtration barrier):又称滤过膜,是由有孔的毛细血管内皮(fenestrated endothelial)、基膜(basement membrane)与足细胞裂孔膜(the podocyte slit diaphragm)三部分组成。

② 肾小管包括近端小管、细段(thin section)与远端小管。

近端小管(the proximal tubule)分曲部与直部,管腔小并不规则。上皮细胞表面有密集而整齐的微绒毛,能重吸收全部葡萄糖、氨基酸、大量的水与 Na^+。

远端小管(the distal tubule)也分曲部与直部,管腔大而规则。远端小管重吸收水、Na^+,排出 K^+ 等。

(2) 集合管:包括弓形集合小管,直集合小管和乳头管。集合管能进一步重吸收水与 Na^+。

(3) 球旁复合体(juxtaglomerular complex):又称球旁器,由球旁细胞、致密斑与球外系膜细胞组成。球旁细胞(juxtaglomerular cell)是入球微动脉中膜平滑肌转变为的上皮样细胞,可合成肾素。致密斑(the macula densa)是远曲小管近肾小体血管极侧,细胞高柱状,排列紧密,形成一个椭圆形的斑块状结构。它是一种离子感受器,能感受远端小管内滤液中 Na^+ 浓度的变化。

【目的和要求】

1. 掌握肾单位各段的结构与功能。
2. 掌握球旁复合体的结构、组成与功能。

第17章 泌尿系统

3. 了解膀胱与输尿管的结构。

【实习内容】

一、切片观察

1. 肾

【材料与方法】狗肾叶纵切面,HE染色。

【肉眼观察】标本是一个肾叶的纵切面,表层深红色的部分是肾皮质,深部色浅的部分是肾髓质。

【低倍镜观察】(附图17-1)肾表面有薄层的致密结缔组织被膜。实质内皮质与髓质分界不明显,皮质染色较深,有许多肾小体,髓质内有密集排列的小管,二者中间还可见较大弓形血管的部分断面。

【高倍镜观察】

第一,皮质。

(1) 皮质迷路(附图17-2,附图17-3):皮质内圆球状结构是肾小体,肾小体所在的部位是皮质迷路。周围有许多近曲小管与远曲小管的各种断面。

① 肾小体:球形,由血管球与肾小囊组成。有小血管出入肾小体部位即是血管极,近曲小管与肾小囊相连处是尿极。血管球是由一团毛细血管构成,血管壁及外周的细胞核密集(有内皮细胞、足细胞与球内系膜细胞,三者不易分辨)。肾小囊外层(壁层)是由单层扁平上皮构成,内层(脏层)的足细胞轮廓不明显。肾小囊腔是两层中间的窄小腔。

② 近端小管曲部:在肾小体附近,管腔小而不规则,上皮细胞呈锥体形,细胞界限不清,核圆形位于细胞基部,胞质嗜酸性强染成红色。细胞游离面还可见刷状缘。

③ 远端小管曲部:在肾小体附近,管腔大而规则,管壁薄,由单层立方上皮构成,染色浅,细胞界限清楚,核圆形,位于细胞中央。

④ 致密斑:在远曲小管的切面上,靠近血管极侧的上皮细胞排列比较紧密,细胞呈柱状,胞核密集,仿佛是一串蓝颜色的宝石项链,这个位置即致密斑。在其附近还有球旁细胞与球外系膜细胞。

(2) 髓放线(附图17-4):由皮质迷路中间的一些平行的泌尿小管组成,切片上多是纵断面。

第二,髓质。

髓质在肾皮质的深层,主要由纵行并与髓放线相连的肾小管与集合小管组成,其中含少量结缔组织及血管。

① 近端小管直部与远端小管直部:其结构分别与曲部相似。

② 细段:管腔小,由单层扁平上皮构成。

③ 集合小管：管腔大，管壁由立方或柱状上皮构成，细胞界限清楚，染色较淡。

2. 膀胱

【材料与方法】狗膀胱，HE 染色。

【肉眼观察】标本是充盈和空虚两种状态的膀胱，切片呈条索状，腔面凹凸不平，染色较深。

【光镜观察】（附图 17-8）管壁从内向外分为：黏膜层、肌层与外膜三层。黏膜层：腔面有许多皱襞，表面的变移上皮较厚，起伏不平，上皮下的固有层由较细密的结缔组织构成。仔细辨认，会发现，空虚状态时，上皮的细胞层数多，充盈时，细胞的层数少。不仅如此，变化最明显的是上皮中的最表面的一层细胞，空虚时，这层细胞大而饱满，充盈时，这层细胞变得小且呈扁平状；肌层：较厚，大致有内纵、中环、外纵三层平滑肌；外膜：属于浆膜。

二、示教切片

1. 肾血管墨汁注入

【材料与方法】兔肾，墨汁明胶注入。

【光镜观察】（附图 17-5，附图 17-6）所见的黑色的结构都是肾血管，主要观察以下血管。

（1）弓形动、静脉：在皮质与髓质交界处，血管比较粗大，多半是横切或斜切。

（2）小叶内动、静脉：皮质迷路内从弓形血管向皮质表面垂直走行的血管。沿途的小分支即入球微动脉。

（3）血管球：肾小体内红色的丝球形结构是血管球。

（4）直小动、静脉：髓质内还可以见到的直行小血管是直小动、静脉。

2. 输尿管

【材料与方法】人输尿管（横断），HE 染色。

【光镜观察】（附图 17-7）输尿管很细，管腔不规则呈星形，管壁从内向外分黏膜，肌层及外膜。

（1）黏膜：由上皮与固有层构成。上皮是变移上皮（注意与复层扁平上皮的区别）；固有层由结缔组织构成，其中有小血管。

（2）肌层：内环、外纵平滑肌。

（3）外膜：由结缔组织构成，其中含有血管与小神经束。

【思考题】

1. 光镜下如何区分皮质和髓质，分别能看到哪些结构？
2. 光镜下如何辩认肾近曲小管，远曲小管、细段与集合管。
3. 致密斑有何结构特点？

第18章　男性生殖系统

【导读】

睾丸的实质由生精小管(seminiferous tubule)构成。

生精小管由生精上皮构成,生精上皮由生精细胞和支持细胞组成。

(1) 生精细胞(spermatogenic cells):从基膜至腔面依次排列有精原细胞(spermatogonial cells)、初级精母细胞(primary spermatocyte)、次级精母细胞(secondary spermatocytes)、精子细胞(sperm cells)和精子(sperm)。

青春期后从精原细胞至形成精子的过程称为精子发生。精子发生经历了精原细胞增殖、精母细胞减数分裂和精子形成三个阶段。

(2) 支持细胞又称Sertoli细胞(sertoli cells),具有支持和营养各级生精细胞的作用,可合成雄激素结合蛋白,以维持小管内激素高水平状态,促进精子发生。分泌抑制素和激活素,调节腺垂体合成分泌卵泡刺激素,可吞噬和消化脱落的残余胞质。

(3) 血-睾屏障(blood testis barrier):血液和生精细胞之间的屏障,其组成包括:毛细血管内皮及基膜、结缔组织、生精上皮基膜及支持细胞间的紧密连接,其中紧密连接是最重要的结构。血-睾屏障的存在既可保证精子的发生在相当稳定的微环境中进行,又可阻止精子抗原逸出,防止发生自身免疫反应。

睾丸间质是生精小管之间少量的疏松结缔组织,内含睾丸间质细胞,胞质嗜酸性。间质细胞超微结构具有类固醇激素细胞的特点,可合成和分泌雄激素。雄激素具有促进精子发生,促进男性生殖器官发育与分化,激发并维持男性第二性征和维持正常的性功能等作用。

【目的和要求】

1. 掌握睾丸的组织结构(生精小管及间质细胞)。
2. 了解生殖管道及前列腺的组织结构。

【实习内容】

1. 睾丸

【材料与方法】兔睾丸,HE染色。

【肉眼观察】标本中较厚而红色的膜为睾丸纵隔,其一侧较大而致密的结构为睾丸。在其一侧另有一个小的圆形断面,是附睾的切面。纵隔内可见一些不规则的细长裂隙即睾丸网。在附睾附近或许能见到单独的小圆形管道断面,是输精管。

【低倍镜观察】(附图18-1,附图18-2)

(1) 睾丸的被膜:由外向内可见鞘膜和白膜。

① 鞘膜:由单层扁平上皮与少量结缔组织构成。

② 白膜:很厚,由致密结缔组织构成,其内含有血管。

(2) 睾丸实质:小叶与小叶间隔不易辨出,可见随小叶间隔进到实质内的较大血管与许多生精小管的断面。生精小管的基部为一层粉红色的基膜,基膜以内为数层大小不等的生精细胞。在生精小管之间有结缔组织及睾丸间质细胞。在睾丸纵隔内可见睾丸网,为一些大小不等,形态不规则的腔隙断面。

【高倍镜观察】(附图18-3)

(1) 生精小管。

① 生精细胞,从外向内可见以下结构。

精原细胞:是最幼稚的生精细胞,细胞紧贴基膜,体积较小,呈圆形或椭圆形,细胞核呈圆形,着色稍深,有时可见有丝分裂现象。

初级精母细胞:有数层,细胞体积较大,呈圆形,位居精原细胞内侧,核染色质呈粗网状。

次级精母细胞:细胞较小,位置更靠近腔面,细胞核圆,着色较深。由于其存在时间较短,在切片中不易见到。

精子细胞:靠近管腔,有多层,三五成群,细胞体积小,细胞核圆而小,着色深。因为精子细胞是所有生精细胞中最圆的,并且经常成群存在,所以有些接近与我们生活中看到的青蛙的卵单层排开的样子。

精子:可见变态中各期精子,但多看不到精子尾部,在切片中可分出头部。精子呈芝麻粒形,位于管腔表面,附着于支持细胞的顶端。

② 支持细胞:位于生精小管内,其基底部位于基膜上,从游离面至基底面,但形态不易看清。该细胞的细胞核较大,形态不规则。多呈三角形,其长轴与基膜垂直,核内染色质着色浅,因而核仁明显。我们观察的方法比较接近于查漏补缺的步骤,具体为:先找到生精细胞中间隙比较大的区域,看看这个区域有没有连着下面的基膜,如果连着基膜,再向上看看有没有一个很细小的不太明显的核仁,如果有,那么这个位置就是支持细胞的位置所在。这样的方法比我们直接去寻找要快很多。找到几个支持细胞以后,再去观察支

第18章 男性生殖系统

持细胞就会比较容易了。

(2) 间质细胞:位于生精小管之间的结缔组织内,常三五成群。细胞体积较大,呈圆形或椭圆形,细胞核圆形,多偏于一侧,着色浅,核仁明显,也偏于一侧,胞质内含有类脂颗粒(不易见到),有时部分细胞内部还可分辨出一些不太清楚、略显棕黄色的脂褐素颗粒。

(3) 直精小管:位于小叶与纵隔交界处,与生精小管相连,上皮由复层变为单层。

2. 附睾

【材料与方法】兔附睾,HE 染色。

【肉眼观察】标本呈伞形,可见有许多管道的断面。

【低倍镜观察】(附图 18-4)标本可见两种不同的管道断面。管径较大,腔面平整,管壁较厚的是附睾管;管径较小、腔面起伏不平的为输出小管,小管之间有少量结缔组织。

【高倍镜观察】(附图 18-5)

(1) 被膜由结缔组织组成。

(2) 输出小管:由柱状纤毛细胞与立方细胞相间排列而成,故腔面高低不平,基膜外有少量环行平滑肌。

(3) 附睾管:为假复层柱状上皮,细胞游离面有纤毛,腔面规则。附睾管管壁有较多的平滑肌,腔内常有许多精子,基膜外有较多的平滑肌。

二、示教切片

1. 精子涂片

【材料与方法】人精液,HE 染色。

【高倍镜观察】(附图 18-6)找到涂片薄的地方,可见精子的全貌。精子头部椭圆形,色深,尾部呈细线状。

2. 前列腺

【材料与方法】狗前列腺,HE 染色。

【肉眼观察】标本中着色较深,有许多不规则腔隙腺泡部分。

【光镜观察】(附图 18-7)

(1) 被膜及间质:腺体表面有结缔组织的被膜,其中富有平滑肌纤维,被膜的平滑肌与结缔组织伸入腺实质形成间质成分。

(2) 腺泡由单层立方、柱状或假复层柱状上皮构成。腔大,多皱襞,故腔面不规则,腔内常有圆形小体,为同心圆板层样结构,此即凝固体,也可钙化为结石。

(3) 导管为单层柱状或立方上皮,与腺泡不易区分。

3. 输精管

【材料与方法】人输精管横断,HE 染色。

【光镜观察】(附图 18-8)管壁分三层,管腔不规则。

(1) 黏膜:形成皱襞突入腔内,上皮为假复层柱状上皮,有的有纤毛,有的没有。

（2）肌层：由内纵、中环、外纵三层平滑肌组成。
（3）外膜：结缔组织。

【思考题】

1. 简述生精小管内生精上皮的组成与结构特点。
2. 简述间质细胞的位置及结构特点。

第 19 章　女性生殖系统

【导读】

女性生殖系统包括卵巢、输卵管、子宫、阴道、外生殖器。重点观察卵巢和子宫。

一、卵巢

(一) 卵泡的发育和成熟

卵泡由卵母细胞(居中,一个)与卵泡细胞(外围,量多)组成。卵泡发育历经原始卵泡(primordial follicle)、初级卵泡(primary follicle)、次级卵泡(secondary follicle)与成熟卵泡(mature follicle)四个阶段。

(1) 原始卵泡:中央为一个初级卵母细胞,周围为单层扁平的卵泡细胞。

(2) 初级卵泡:卵泡细胞增生,由扁平变为立方,由单层变为多层,并出现透明带、形成放射冠(corona)和卵泡膜。

(3) 次级卵泡:出现卵泡腔(follicular cavity)、卵丘(cumulus)、卵泡壁(the follicle wall)。卵泡腔:卵泡细胞间小腔增大并融合成一个大腔隙,充满卵泡液。卵泡液含营养成分、雌激素及多种生物活性物质等,维持卵泡发育成熟。卵泡壁:卵泡腔周围数层卵泡细胞构成卵泡壁,称颗粒层,卵泡细胞改称颗粒细胞。卵母细胞及周围卵泡细胞被卵泡液挤向一侧突入腔内称卵丘。卵泡膜:分化为内、外两层,膜细胞分泌雄激素,雄激素进入颗粒细胞内转化为雌激素。

(4) 成熟卵泡:突于卵巢表面,卵泡液激增,卵泡体积大。卵母细胞继续增大。初级卵母细胞完成第一次减数分裂形成一个次级卵母细胞和一个第一级体。次级卵母细胞形成后迅即进入第二次减数分裂并停止于分裂中期。次级卵泡和近成熟卵泡具有内分泌功能,主要产生雌激素。

(二) 排卵(ovulation)

成熟卵泡破裂,内部的次级卵母细胞与透明带、放射冠一起,伴随卵泡液,自卵巢排出的过程就是排卵。

(三) 黄体(the corpus luteum)

形成:排卵以后,卵泡颗粒层与卵泡膜向腔内塌陷,卵泡膜的结缔组织与毛细血管也深入颗粒层,在黄体生成素的作用下逐渐演化为具有内分泌功能的细胞团,色黄,称黄体。黄体细胞有类固醇激素细胞的超微结构特点,产生孕激素与雌激素。

二、子宫

(一) 子宫壁:由外向内分为外膜、肌层和内膜(黏膜)

(1) 外膜(perimetrium):浆膜。

(2) 肌层(myometrium):成束或成片的平滑肌构成,肌束间以结缔组织分隔;在妊娠期,平滑肌纤维增大,增殖,肌层明显增厚。

(3) 内膜(endometrium):由单层柱状上皮和固有层构成,单层柱状上皮由分泌细胞和散在的纤毛细胞组成;固有层含子宫腺,结缔组织内含大量低分化的基质细胞,血管丰富。

子宫内膜分功能层与基底层两层。功能层子宫内膜的营养动脉为螺旋动脉,受卵巢激素影响。

(二) 子宫内膜的周期性变化

(1) 定义:在卵巢雌激素和孕激素的周期性作用下,子宫底部和体部的内膜功能层发生周期性变化,即每28天左右发生一次内膜剥脱、出血、修复和增生,称月经周期(menstrual cycle)。

(2) 分期:分为月经期(第1~4天)、增生期(第5~14天)和分泌期(第15~28天)。

【目的和要求】

1. 掌握卵巢的组织结构及各期卵泡的形态结构特点。
2. 掌握子宫的组织结构及子宫内膜的周期性变化。

【实习内容】

一、切片观察

1. 卵巢(兔)

【材料与方法】兔卵巢,HE染色。

【肉眼观察】标本呈椭圆形结构,卵巢内部可见大小不等的圆形空泡及数个着浅红色的圆形结构团块(黄体)。

【低倍镜观察】(附图19-1)表面覆盖单层柱状上皮,其下方的薄层致密结缔组织为白膜。实质的外周部分为皮质,含有各级卵泡,着浅红色的细胞团为黄体。髓质位于中央,由疏松结缔组织构成,富含血管。

【高倍镜观察】重点观察各级卵泡。

(1) 皮质:在卵巢的周边部,含各级卵泡和卵泡间的结缔组织。

① 原始卵泡(附图19-2):位于白膜下方,三五成群,数量最多,体积最小,颜色略白,由于中央有一较大的初级卵母细胞,核圆,色浅,核仁明显,而周围仅有一层扁平的卵泡细胞,所以整体看上去颜色较白。

② 初级卵泡(附图19-3):中央为初级卵母细胞,表面有红色均质状透明带,卵泡细胞为单层立方、柱状或多层。在初级卵泡周围,形成一层卵泡膜,放射冠初步形成。

③ 次级卵泡(附图19-4,附图19-5)。

卵泡腔:初级卵母细胞周围的卵泡细胞层增厚,细胞间出现一些大小不一的腔隙,小腔逐渐合并成一个较大的腔,即卵泡腔。腔内有卵泡液。

卵丘:由初级卵母细胞与周围的一些卵泡细胞组成。因卵泡液增多和卵泡腔扩大,将初级卵母细胞与周围的一些卵泡细胞挤到卵泡腔的一侧,形成一个凸入卵泡腔的隆起为卵丘,紧贴卵母细胞的透明带外的一层卵泡细胞整齐排列成放射状,细胞的高度明显高于其他的卵泡细胞,这就是放射冠。

颗粒层:构成卵泡壁的卵泡细胞即颗粒层。

卵泡膜:由卵泡外周的梭形细胞组成,分内、外两层。内膜层:含有较多的多边形或梭形的膜细胞及丰富的小血管;外膜层:为结缔组织,纤维多、血管少,细胞也少,并有少许平滑肌细胞。

④ 成熟卵泡:突向卵巢表面,卵泡腔很大、颗粒层相应变薄。

⑤ 闭锁卵泡(附图19-7):卵母细胞和卵泡细胞退化消失。透明带塌陷,最后消失。膜细胞肥大,变成上皮样细胞,为间质细胞或间质腺(附图19-6)。

(2) 髓质:含有较多血管和大量的间质腺。

2. 卵巢(人)

【材料与方法】人卵巢,HE染色。

【光镜观察】与动物相比,人卵巢内各级卵泡数目少,但形态结构基本相同。人卵泡闭锁后形成的间质腺数量很少,髓质中可见形状不规则,染色浅,均质状胶原纤维块即白体。

3. 子宫(增生期)

【材料与方法】人子宫,HE染色。

【肉眼观察】表面染成紫蓝色一层是黏膜,染成浅红色很厚的部分是肌层。

【光镜观察】(附图19-9,附图19-10)子宫壁由内向外可分三层。

（1）内膜：由上皮及固有层组成。上皮为单层柱状，少数细胞表面有纤毛。固有层较薄，结缔组织内含有大量基质细胞，其胞核较大，呈卵圆形；细胞间质内纤维较少；子宫腺呈单管状，直或稍弯曲，腺腔较小，无分泌物；螺旋动脉较少，有时可见到连续的几个微动脉横断面。

（2）肌层：最厚，可见很厚的平滑肌束，肌纤维分层排列，呈现不同的切面，肌束间有少量结缔组织分隔，血管很多。

（3）外膜：为浆膜，由结缔组织和间皮组成。

4. 子宫（分泌期）

【材料和方法】人子宫，HE 染色。

【肉眼观察】表面染成紫蓝色一层是黏膜，染成浅红色很厚的部分是肌层。

【光镜观察】（附图 19-11，附图 19-12）主要观察内膜。

（1）上皮为单层柱状，由分泌细胞和纤毛细胞组成。

（2）固有层较厚，基质中含有大量组织液而呈现水肿；基质细胞肥大，胞质内充满糖原、脂滴；子宫腺极度弯曲，腺腔膨胀，腺细胞充满分泌物；螺旋动脉增长，更加弯曲，切片上断面较多。

二、示教切片

1. 输卵管

【材料与方法】人输卵管，HE 染色。

【肉眼观察】腔内有很多皱襞，染成紫色部分为黏膜，周围染成红色部分为肌层。

【光镜观察】（附图 19-8）可见管壁分三层。

（1）黏膜：形成许多皱襞突入管腔，上皮为单层柱状，有纤毛细胞和无纤毛细胞，后者为分泌细胞。固有层较薄，由结缔组织构成。

（2）肌层：由内环、外纵两层平滑肌组成。

（3）浆膜：由间皮及结缔组织构成。

2. 乳腺（静止期）

【材料与方法】狗乳腺，HE 染色。

【肉眼观察】在切片一侧表面为皮肤。此外可见到一片浅红色组织，其中散布紫蓝色团块，即乳腺小叶。

【光镜观察】（附图 19-13）静止期乳腺的结缔组织和脂肪组织较多，将腺分成小叶。腺泡稀少，导管不发达，腺泡上皮为单层立方或低柱状，腺腔小。小的导管与腺泡很难区别。

3. 乳腺（活动期）

【材料与方法】狗乳腺，HE 染色。

【光镜观察】（附图 19-14）结缔组织少，腺泡多。腺泡为单层柱状或立方上皮。胞质中有脂滴,腺腔很大,其中有分泌物,染成粉色。有的可见吞噬脂滴的巨噬细胞即初乳小体,小叶间导管上皮为单层柱状或复层柱状上皮。

【思考题】

1. 描述镜下各种卵泡结构,并比较有什么异同点?
2. 镜下增生期和分泌期的子宫内膜有何区别。

第 20 章 胚胎发生总论

【导读】

人体胚胎学（human embryology）是研究人体出生前由受精卵发育为新个体的全过程。从受精至胎儿娩出约需要 38 周。胚胎发育常分为二个时期：a. 胚期（ernbryonic period）：从受精到第 8 周末；b. 胎期（fetal period）：第 9 周到新生儿出生。

一、受精、卵裂、胚泡形成和植入（第 1 周）

受精是新生命的开始，受精时精子需要成熟和获能，精子在附睾内成熟，在女性生殖管道内获能。卵细胞需要排卵和受精才能发育成熟。受精（fertilization）是精子和卵细胞结合形成受精卵的过程。受精的时间、地点和意义参考教科书。

受精卵所进行的特殊的有丝分裂为卵裂（cleavage），受精卵一边卵裂，一边向子宫方向移动，受精后第 3 天形成桑葚胚（morula），第 4 天时形成胚泡（blastocyst），胚泡进入子宫腔，外面包裹的透明带消失，胚泡分为滋养层（trophoblast）、胚泡腔（blastocoele）和内细胞群（inner cellmass）三部分。胚泡与子宫内膜接触，开始植入。植入（implantation）是胚泡逐渐埋入子宫内膜的过程，它约开始于受精后第 6~7 天，完成于第 11~12 天。植入后的子宫内膜为蜕膜，蜕膜分为包蜕膜、基蜕膜和壁蜕膜三部分。

重点掌握植入的过程，植入的部位，植入后子宫内膜的变化。

二、胚层的形成（第 2~3 周）

胚层与胚盘形成包括二胚层胚盘的形成和三胚层胚盘的形成。此阶段的重要变化为内细胞群分化形成内、中、外三个胚层构成的胚盘，人体各器官和组织分别由三个胚层分化所形成。在第 2 周胚泡植入过程中，内细胞群增殖分化为二胚层胚盘，邻近滋养层的一层柱状细胞为上胚层（epiblast），邻近胚泡腔侧的一层立方细胞为下胚层（hypoblast）。第 3 周时，在上胚层中线一侧形成原条、原结、原沟和原凹，原沟沟底的细胞增殖分化在上、下胚层之间形成中胚层（mesoderm）。中胚层的部分细胞进入下胚层并全部置换下胚层细胞，形成内胚层，原上胚层改称为外胚层，于是，三胚层胚盘形成。植入完成后，绒毛膜迅速发育，羊膜囊、卵黄囊、体蒂和尿囊也相继出现。

三、三胚层的分化与胚体形成（第4~8周）

这部分包括三胚层分化与胚体形成两部分。

三个胚层逐渐分化形成各种器官的原基，外胚层主要分化形成神经系统和皮肤的表皮及附属器等，中胚层主要分化形成结缔组织、肌组织、骨和软骨、心血管系统和体腔等，内胚层主要分化形成消化和呼吸系统的上皮等。

胚体形成是扁平状的胚盘变为圆柱形胚体的过程，是胚盘边缘向腹侧卷摺形成头褶、尾褶与左、右侧褶，左、右侧褶合并而逐渐完成。同时也和羊膜腔与卵黄囊的演变有关，胚盘卷褶主要是胚盘各部分生长速度不均衡而造成的。

四、胎膜与胎盘

胎膜与胎盘对胚胎起保护、营养、呼吸和排泄等作用，是胚胎发育过程中形成的附属结构，还具有一定的内分泌功能。胎儿娩出后，胎盘、胎膜和蜕膜一起排出，总称为衣胞。

1. 胎膜（fetal membrane）：包括绒毛膜、羊膜、卵黄囊、尿囊和脐带

（1）绒毛膜（chorion）：包在胚胎的最外面，直接与子宫蜕膜相接触，其表面有大量绒毛。绒毛膜由滋养层和胚外中胚层组成。绒毛膜将演变为平滑绒毛膜和丛密绒毛膜。绒毛的发育使绒毛膜与子宫蜕膜的接触面积扩大，这有利于绒毛膜与母体进行物质交换。

（2）羊膜（amnion）：羊膜是半透明薄膜，可分泌羊水。羊水充满于羊膜腔内，胚胎浸泡在羊水中发育。掌握羊水的来源和回流，羊水有何作用？羊水的性质和量如果发生异常，有何临床意义？

（3）卵黄囊（yolk sac）：卵黄囊是连在原始消化管腹侧的一个囊状结构。卵黄囊顶部内胚层被卷入胚体内，形成原肠，卵黄囊壁的内胚层与胚外中胚层分别分化形成原始生殖细胞和造血干细胞。

（4）尿囊（allantois）：尿囊是卵黄囊尾侧向体蒂内伸出的一个盲管。

（5）脐带（umbilical cord）：脐带是连在胚胎脐部与胎盘之间的条索状结构，是胚胎的生命线，脐带的结构和长度异常将导致胎儿出现严重的后果。

2. 胎盘（placenta）：胎盘由胎儿的丛密绒毛膜与母体的基蜕膜组成，为圆盘状

胎盘有母体血和胎儿血两套血液循环系统，两者的血液在各自封闭的管道内循环，互不相混，但可以进行物质交换，胎儿血从脐动脉进入绒毛内毛细血管，与绒毛间隙内的母体血进行物质交换，获得氧和营养物质后由脐静脉返回胎儿体内。胎儿血与母体血之间进行物质交换所需要通过的结构称为胎盘屏障（placental barrier），重点掌握胎盘屏障的结构和胎盘的功能。

【目的和要求】

1. 掌握从受精到植入的发育过程、胚泡的结构及子宫蜕膜的形成和分布。
2. 掌握三个胚层的形成过程,了解各胚层的主要分化。
3. 掌握胎盘与胎膜的形成、结构及畸形发育。

【实习内容】

1. 卵裂模型

该模型是根据猴的卵裂过程制作。模型上卵外的厚膜是透明带,受精卵进行的卵裂次数越多,所形成的卵裂球数目越多,卵裂球的体积越小,第3天时形成12～16个卵裂球,这些卵裂球组成的实心胚即桑葚胚。

2. 胚泡模型

观察胚泡的三部分结构。胚泡外周有一层扁平细胞是滋养层,中央的腔是胚泡腔,胚泡腔内侧附着的一群细胞是内细胞群。注意此时有无透明带,胚泡的滋养层细胞和内细胞群的细胞有何不同?

3. 植入模型

下面三个模型为植入局部子宫内膜和胚泡的放大,显示植入的部位及植入过程中胚泡与子宫内膜的关系。整个方形浅红色结构为部分子宫内膜,附有正在植入的胚泡,子宫内膜表面的小孔为子宫腺的开口,较大的腔隙为子宫腺和小血管的断面。

模型①:约为受精后5～6天,胚泡开始侵入子宫内膜(附图20-1)。

模型②:胚泡已大部分植入子宫内膜,接触子宫内膜的滋养层细胞分化形成外层的合体滋养层和内层的细胞滋养层,内细胞群近胚泡腔一侧的细胞分化形成下胚层,其上方的细胞分化形成上胚层。滋养层细胞分化形成羊膜,羊膜与上胚层相连围成的腔隙为羊膜腔(附图20-2)。

模型③:胚泡已全部植入子宫内膜。滋养层已全部分化为合体滋养层和细胞滋养层,上胚层和下胚层构成二胚层胚盘(附图20-3),胚盘背侧的腔为羊膜腔,腹侧的腔为卵黄囊。植入后的子宫内膜称蜕膜,蜕膜分为基蜕膜、包蜕膜和壁蜕膜三部分(附图20-4,附图20-5)。

4. 三胚层胚盘的形成(附图20-6)

18天人胚模型:从外形可见羊膜、卵黄囊和体蒂。拿掉部分羊膜和卵黄囊,露出胚盘。观察胚盘结构。

背面观:可见神经板、原结、原凹和原条。

胚体纵切面观:可见外胚层(蓝色)、中胚层(红色)、内胚层(黄色)三个胚层,脊索和尿囊。

第 20 章　胚胎发生总论

5. 三个胚层的初步分化(第 4 周)(附图 20-7,附图 20-8)

20 天人胚:此模型羊膜、卵黄囊全部切除,只观察胚盘部分,三个胚层已开始分化。

外胚层背侧中央增厚形成神经板,中央凹陷为神经沟,两侧隆起为神经褶。中胚层已开始分化形成块状的体节,正中线上红色条索状结构为脊索。内胚层头端向背侧隆起将形成前肠。

6. 胚体的形成

22 天人胚模型:羊膜和卵黄囊均已切除,胚盘已向腹面包卷,胚体开始呈圆柱状。神经褶从中段开始融合为神经管,体节数也增多。从胚体腹面观,内胚层形成管状的原始消化管。在横切面上,可见神经管已脱离外胚层,神经管两侧为体节,体节外为间介中胚层,再外侧为侧中胚层,侧中胚层已分化为体壁中胚层和脏壁中胚层,二者之间为胚内体腔。

28 天人胚外形模型:胚呈圆柱状,已开始弯曲。神经管和脑泡形成,眼泡、耳泡和鳃弓出现。尾明显,体节有 20~25 对,腹侧有心脏隆起。卵黄囊缩小,脐带开始形成。脐带中有脐动脉、脐静脉和尿囊。

28 天人胚纵切模型:除去绒毛膜,胚体的背上方包有羊膜,腹侧连有卵黄囊。胚体为圆柱形并被纵行切开,可见胚体头尾两端向腹侧包卷并互相接近,背面可见神经管,腹侧的内胚层被包卷成原始消化管,其前后端的盲管分别为前肠和后肠,与卵黄囊相连的为中肠。前肠腹面有口咽膜,后肠腹面有泄殖腔膜,前肠腹侧有心脏,后肠腹侧壁有尿囊伸入体蒂。

28 天人胚横切模型:结构和纵切模型相同,神经管的前后两端分别可见前后神经孔。胚盘两侧已向腹侧包卷,神经管、脊索、中胚层的体节、间介中胚层和侧中胚层等结构可见。

7. 胎膜与胎盘

此模型显示胎膜与胎盘的结构,在子宫壁的一侧蜕膜中有一个胎儿。

(1) 胎膜:模型为妊娠 3 个月子宫的矢状切面,观察下列各结构(附图 20-9)。

① 绒毛膜:由滋养层和胚外中胚层构成,表面无绒毛的部分为平滑绒毛膜;绒毛密集的部分为丛密绒毛膜。

② 羊膜:由成羊膜细胞和胚外中胚层构成,此时羊膜与平滑绒毛膜相贴,胚外体腔已消失,羊膜腔内有羊水。

③ 卵黄囊:由卵黄囊内胚层细胞与胚外中胚层构成卵黄囊壁,根部狭窄细长,为卵黄蒂,包裹于脐带内,末端为一小囊,保留于脐带根部(胚体内的哪些细胞来源于卵黄囊)。

④ 尿囊:在脐带内。

⑤ 脐带:连于胚体和胎盘之间,表面光滑,包被羊膜,内有结缔组织,脐动脉(2 条蓝色),脐静脉(1 条红色),还有卵黄蒂和尿囊。

(2) 蜕膜:子宫蜕膜分三部分(附图 20-10)。

① 基蜕膜:构成胎盘的母体部分;

② 包蜕膜:覆盖在胚胎宫腔侧的蜕膜,在平滑绒毛膜的外面;

③ 壁蜕膜:是子宫其余部分的蜕膜。

(3) 胎盘:由丛密绒毛膜(胎儿部分)和基蜕膜(母体部分)构成。胎儿面覆盖羊膜,在模型上可见绒毛干、游离绒毛、胎盘隔,隔之间为胎盘小叶。

(4) 观察人胚和胎盘标本:各时期标本如下。

① 2个月人胚绒毛膜标本:为一囊泡,只能看到外表的绒毛膜,胚胎看不到。绒毛膜表面有绒毛突起,尚不能区分丛密绒毛膜和平滑绒毛膜。

② 4个月胎儿和胎膜标本:标本的大部分为透明的羊膜,其一侧有丛密绒毛膜包裹。胎盘已形成。在丛密绒毛膜周边可见少部分平滑绒毛膜。透过羊膜可见羊水中的胎儿和脐带。

③ 足月新鲜胎盘标本:圆盘状,中央厚,周边薄。表面粗糙的为母体面,可见约15~30个胎盘小叶。表面覆盖羊膜的为胎儿面,连有脐带,透过羊膜可见脐动、静脉的分支。

8. 人胚胎发育的各期特征

16天:由三个胚层构成的扁平盘状结构。

19天:胚体背侧隆起,头褶、侧褶形成,胚体开始向腹侧包卷,体蒂转到胚体尾侧。

22天:胚体中段形成神经管、体节7对,头褶、尾褶包卷到腹侧,心管转折到口咽膜腹侧。

25天:胚体呈圆柱状,凸到羊膜腔内,中肠缩窄,心隆起明显,前神经孔闭合,体节14对。

28天:后神经孔闭合,口凹周围出现2对鳃弓,体节25对。

第5周:头明显增大,鳃弓5对,肢芽出现,手板明显,体节达40对左右,脐带形成。

第6周:颜面开始形成,肢芽分节,足板明显。

第7周:手指和脚趾出现,体节消失,颜面形成。

第8周:指和趾分节,眼睑开放,尿生殖膜和肛膜破裂,完全具有人形。

胎儿期:观察各月正常胎儿浸渍标本,注意胎儿外形、大小及各部所见器官(如眼、头发、指甲、外生殖器等)的演变。

【思考题】

1. 试述人体胚胎发育的分期和时间。
2. 试述受精的时间、地点、过程及意义。
3. 试述胚胎形成的时间、过程、结构。
4. 试述胚泡植入的定义、时间、过程、位置。
5. 试述胚盘的形成、结构、意义、时间。
6. 试述三胚层的形成及分化。
7. 试述胎盘的结构和功能。

第 21 章 颜面和四肢的发生

【导读】

一、鳃器的发生

第 4～5 周，头部两侧的间充质增生，形成背腹走向、左右对称的 6 对弓状隆起称为鳃弓（branchial arch）。相邻鳃弓间的 5 对条形凹陷为鳃沟（branchial groove）。原始咽的侧壁内胚层向外膨出，形成左、右 5 对咽囊（pharyngeal pouch），分别与鳃沟相对应，二者之间的薄膜为鳃膜（branchial membrane）。鳃弓、鳃沟、鳃膜和咽囊统称为鳃器（branchial apparatus）。第 1 对鳃弓参与颜面的形成，第 2、3、4、6 对鳃弓参与颈的形成。咽囊的内胚层则是多种重要器官发生的原基。

二、颜面的形成

颜面的原基由额鼻突（frontonasal process）、左右上颌突（maxillary process）、左右下颌突（mandibular process）及口凹（stomodeum）构成。口凹即原始口腔，它的底是口咽膜。颜面形成与鼻的发生密切相关。在额鼻突下部两侧局部外胚层增生形成左、右一对鼻板（nasal placode），鼻板中央凹陷为鼻窝（nasal pit），鼻窝的内侧和外侧的突起分别为内侧鼻突（median nasal process）和外侧鼻突（lateral nasal process）。颜面的演化从两侧向正中方向发展，到第 8 周末，胚胎颜面已初具人形。

三、口腔与鼻腔的形成

原始口腔与原始鼻腔由于腭的形成而再次分隔，成为永久口腔与鼻腔。腭起源于正中腭突（median palatine process）和两个外侧腭突（lateral palatine process），三部分合并并与鼻中隔愈合，将口腔与鼻腔完全分隔。

【目的和要求】

1. 掌握鳃器、颜面的发生与腭的形成过程及相关的先天性畸形。

2. 了解牙、颈和四肢的发生以及有关的先天性畸形。

【实习内容】

1. 鳃器的发生

4~6 周人胚模型：在头部的两侧有 6 对鳃弓，第 1~4 对明显，第 5 对发生不久即退化消失，第 6 对小而不明显。鳃弓之间的凹陷为鳃沟，共有 5 对。

2. 颜面的形成

这组模型有 6 个，显示了第 4~8 周人胚颜面形成过程。于心突处切下胚的头部，自腹面观察颜面发生的过程。

模型①：此时胚的颜面在口凹周围，可见五个隆起：头部较大的突起为额鼻突，其尾侧有左、右上颌突和左、右下颌突。在额鼻突下部两侧局部外胚层增生形成左、右一对鼻板，此时已凹陷为鼻窝。在下颌突的下方，依次为第 2、3、4 对鳃弓。

模型②~④：由于鼻窝的形成，每个鼻窝两侧各形成一个内侧鼻突和一个外侧鼻突。鼻窝下缘与口凹间有细沟相通。眼鼻之间出现鼻泪沟。在第 1 鳃沟两侧，第 1 对和第 2 对鳃弓的局部组织隆起形成耳廓的始基，第 3、第 4 对鳃弓渐不明显。

模型⑤~⑥：此时额鼻突上部发育为额，下部正中部分形成鼻梁和鼻尖，外侧鼻突形成鼻翼和鼻的外侧壁，鼻窝凹陷形成鼻腔。左、右上颌突已与同侧内外侧鼻突愈合，共同形成上颌、上唇和人中，左、右下颌突已愈合形成下颌，同侧上下颌突愈合形成面颊。此时人胚面部初具人貌。综合全套模型，说明颜面各部分的由来和演变。

3. 腭的发生与口腔、鼻腔的分隔

腭的发生与口腔、鼻腔的分隔模型：模型相当于胚胎第 8 周，下颌部分已切去，观察原始口腔内的变化。从左、右上颌突内面向原始口腔内长出的一对扁平突起为外侧腭突，内侧鼻突从前向后长出的小突起为正中腭突，左、右外侧腭突和正中腭突三者在中线愈合，形成硬腭、软腭和悬雍垂，将原始口腔分隔成鼻腔和口腔。额鼻突在原始鼻腔内形成鼻中隔，鼻中隔与外侧腭突愈合，将原始鼻腔分成左、右鼻腔。

4. 四肢的发生

4~8 周人胚模型：第 4 周末，在胚体左、右外侧体壁上相继出现一对上肢芽和一对下肢芽。第 6 周时肢芽上形成两个收缩环，即未来的肘关节和膝关节，分别将上肢分为上臂、前臂和手，将下肢分为大腿、小腿和足。手和足呈桨板状，第 8 周时手指和足趾形成。

【思考题】

1. 何为鳃器？
2. 试述唇裂、腭裂、面斜裂发生的原因。

第 22 章 消化系统和呼吸系统的发生

【导读】

消化系统和呼吸系统都是由原始消化管分化而形成。随着胚体的形成，内胚层被包卷在胚体内形成原始消化管(primitive gut)，它由内胚层和脏壁中胚层组成。原始消化管由前肠(foregut)、中肠(midgut)和后肠(hindgut)三部分组成。前肠分化为咽、食管、胃、十二指肠上段、肝、胆、胰、以及喉以下的呼吸系统；中肠分化为十二指肠中段至横结肠右2/3部的肠管；后肠分化为横结肠左1/3至肛管上段的肠管。消化管和呼吸道的上皮、腺上皮和肺泡上皮均由原始消化管的内胚层分化所形成，而结缔组织、肌组织、血管内皮和间皮则由脏壁中胚层分化形成。

一、消化系统的发生

(1) 咽囊的演变：第 1 对咽囊伸长演化为咽鼓管；末端膨大形成中耳鼓室；鳃膜分化为鼓膜，第 1 鳃沟分化为外耳道。第 2 对咽囊分化为腭扁桃体。第 3 对咽囊，背侧份分化为下一对甲状旁腺；腹侧份形成胸腺原基。第 4 对咽囊分化为上一对甲状旁腺。第 5 对咽囊分化为滤泡旁细胞。

(2) 食管和胃的发生：原始咽尾侧的原始消化管发育延长为食管。食管尾侧的前肠形成的梭形膨大为胃的原基，背侧生长快，形成胃大弯，转向左侧；腹侧生长缓慢，形成胃小弯，转向右侧；胃大弯头端膨起，形成胃底。

(3) 肠的发生：由胃以下的原始消化管分化形成。由于肠的生长速度快，形成"U"形的中肠袢(midgut loop)，中肠袢顶连着卵黄蒂，分头支和尾支，尾支上出现盲肠突，是大肠和小肠的分界线，也是盲肠和阑尾的原基。第 6 周时中肠袢突入脐腔，形成生理性脐疝，第 10 周时头支先返回腹腔，主要演化为空肠和回肠，居腹腔中部。尾支后返回，主要演化为结肠。在中肠袢突出与返回的过程中，逆时针旋转270度，形成肠的正常解剖位。

(4) 直肠的发生和泄殖腔的分隔：后肠末段膨大为泄殖腔(cloaca)，其腹侧和尿囊相连，腹侧尾端以泄殖腔膜封闭。第 6～7 周时尿囊与后肠间形成尿直肠隔(urorectal septum)，把泄殖腔分隔为腹侧的尿生殖窦(urorectal sinus)和背侧的原始直肠，原始直肠分化为直肠和肛管上段，肛膜的外方为肛凹，第 8 周末，肛膜破裂后肛管上下段相通。

(5) 肝和胆的发生:第4周末,前肠末端腹侧壁形成肝憩室(hepatic diverticulum),为肝和胆的原基。肝憩室末端膨大分为头支和尾支,头支形成肝的原基,尾支形成胆囊和胆道的原基。

(6) 胰腺的发生:第4周时,前肠末端腹侧近肝憩室的尾缘,内胚层增生形成腹胰芽(ventral pancreas bud),其对侧细胞增生形成背胰芽(dorsal pancreas bud),它们分别形成腹胰和背胰。由于胃和十二指肠的旋转以及肠壁的不均等生长,致使胰腺转位并融合。

二、呼吸系统的发生

第4周时原始咽尾端底壁正中出现一纵沟称为喉气管沟(laryngotracheal groove),喉气管沟形成盲囊为喉气管憩室(laryngotracheal diverticulum),与食管以气管食管隔间隔。喉气管憩室上端发育为喉;中段形成气管;下端两个分支形成肺芽(lung bud),为主支气管和肺的原基。

【目的和要求】

1. 掌握原始消化管的起源及演变。
2. 掌握消化系统的发生及相关的先天性畸形。
3. 熟悉呼吸系统的发生及相关的先天性畸形。

【实习内容】

一、消化系统的发生

1. 咽的发生及咽囊的演变

(1) 4周人胚纵切模型:复习原始消化管的发生与演化。

(2) 4周人胚原始消化管模型:模型已将外胚层和中胚层除去,显示内胚层消化管演变的情况。上端大的开口与口凹外胚层相延续,前肠的前端背腹方位变扁,两侧变宽形成的漏斗形膨大为原始咽,其前端较宽,后端较窄并和食管相连。咽的两侧向外膨出,形成4对咽囊。从第4对咽囊水平以下,咽尾端向腹侧面突起的盲管为喉气管沟。食管以下的膨大部分为胃,其下端为十二指肠,肝憩室、背胰和腹胰已形成。从十二指肠至卵黄蒂以上的中肠将形成空肠及回肠的一部分,卵黄蒂以下的中肠及后肠将形成回肠的一部分和大肠。后肠尾端的膨大为泄殖腔,其腹侧和尿囊相连,中肾管从其背外侧通入。

(3) 咽囊与鳃弓关系模型(第5周胚):通过鳃弓垂直方向作一切面,观察咽囊和鳃弓的关系。切面腹侧为间脑和眼泡,此时口咽膜已破裂,口凹和咽相通。咽壁两侧的鳃弓被切断,可见每对咽囊都与鳃沟相对应,咽腔面除第1对鳃弓是外胚层(蓝色),其余均为

第22章 消化系统和呼吸系统的发生

内胚层(黄色),鳃弓外方的外胚层和咽囊内胚层间填充有中胚层(粉红色),内有弓动脉和第Ⅴ、Ⅶ、Ⅸ、Ⅹ对脑神经穿过。口腔底部为舌的发生部位。

(4)咽囊模型:人胚前肠头端漏斗状的膨大部分为原始咽,侧壁上囊状突起,为咽囊,共有5对,咽腹面正中部位有一下垂管状结构为甲状舌管,咽的尾端向腹面突起的盲管为喉气管憩室。

(5)咽囊的演变。第一对咽囊:形成中耳鼓室和咽鼓管,鳃膜分化为鼓膜;第二对咽囊:分化为腭扁桃体的上皮和隐窝;第三对咽囊:腹侧份形成胸腺原基,背侧份分化为下一对甲状旁腺;第四对咽囊:分化成上一对甲状旁腺;第五对咽囊:分化形成滤泡旁细胞。

2. 甲状腺和舌的发生

模型显示胚胎口底壁的结构。两侧的弓形结构为鳃弓和咽囊的断面。下颌突在口腔内形成一对隆起称为侧舌突,侧舌突之间中央的小隆起为奇结节。侧舌突和奇结节生长合并形成舌体,表面被覆外胚层上皮。奇结节后方的隆起为联合突,它的前部发育为舌根,后部发育为会厌,表面被覆内胚层上皮。在奇结节和联合突之间的浅窝为舌盲孔,是发生甲状腺的部位。

3. 食管和胃的发生

(1)食管的发生:在28天人胚内胚层管道模型上,原始咽尾侧的一段很短的消化管分化成食管。

(2)胃的发生。

胃的原基:模型中食管的下段有一梭形膨大,即胃的原基。

胃的演变:a.胃大弯、胃小弯和胃底的形成;b.胃的扭转:胃沿胚体纵轴向右旋转90度,胃大弯居左侧,胃小弯居右侧;c.固定:随着十二脂肠固定,胃的尾端被固定于腹腔后壁上,结果由垂直方向变成了左上右下的斜行方位。

4. 肠的发生和扭转

(1)肠的原基:4周人胚时,从胃的原基尾侧到泄殖腔,为一条与胚体长轴平行的直管。

(2)中肠袢形成:5周人胚时,肠管形成"U"形弯曲,突向腹侧,称中肠袢,其顶端相连的卵黄蒂,将中肠袢分为头支和尾支,矢状方向分布。

(3)生理性脐疝的形成:6周时,中肠袢进入脐带内的脐外体腔;7周时,中肠袢逆时针旋转90度,头支在右,尾支在左,呈水平分布,尾支出现盲肠始基。

(4)肠袢顺序退回腹腔:10周时,肠袢退回腹腔。头支在前,尾支在后,同时再逆时针旋转180度,头支至左侧,尾支至右侧。

(5)盲肠下降至右髂窝,各段定位。这样,中肠袢发育为十二指肠至乙状结肠的各段肠管。

(6)泄殖腔分隔、分化形成直肠和肛管:a.尿直肠隔形成:6周人胚胚体后半部模型上可见尿直肠隔已将泄殖腔头份分为两部分;b.直肠形成:8周模型上可见泄殖腔已彻底分为背、腹两部分,背侧部分将分化为直肠和肛管的上段,原始肛凹分化为肛管的下段。第 8 周肛膜破裂。

5. 肝和胆的发生

(1) 肝憩室形成:28 天内胚层管道模型上,在前肠末端可见肝憩室已分为头、尾两支。

(2) 肝和胆的形成:肝的形成由肝憩室头支演变而成,头支细胞形成肝板,与中央静脉共同构成肝小叶。胆的形成由肝憩室的尾支发育为胆囊、胆囊管、肝憩室的基部发育为总胆管。

6. 胰腺的发生

(1) 胰腺原基:在上述模型上,肝憩室基部有一个小的隆起,为腹胰芽,在其背侧有一个略大的隆起,为背胰芽。

(2) 胰腺形成:腹胰芽和背胰芽发育分化为腹胰和背胰;腹胰和背胰合为一体,形成单一的胰腺。

二、呼吸系统的发生

第 4~6 周人胚模型:第 4 周时,原始咽的底壁正中有一突起为喉气管憩室(黄色),第 6 周时,喉气管憩室末端分为左、右肺芽。取下气管和肺芽的腹侧襻,可见气管由内胚层分化而来的上皮(黄色)和外周的间充质(粉红色)组成。第 8 周时,右肺芽分为三支,左肺芽分为两支,分别形成叶支气管,再继续发育为肺内各级支气管与肺泡。

【思考题】

1. 试述原始消化管的形成和分化。
2. 试述咽囊的形成及其演变。
3. 试述肝、胆和胰的发生过程。
4. 试述中肠的演变。
5. 试述呼吸道原基的发生和演变。

第23章 泌尿系统和生殖系统的发生

【导读】

泌尿系统和生殖系统的发生关系紧密,它们的主要器官均来源于间介中胚层,胚胎第4周初,间介中胚层头段称生肾节(nephrotome),尾段称生肾索(nephrogenic cord)。第4周末,生肾索改称尿生殖嵴(urogenital ridge),尿生殖嵴上出现一纵沟将其分为两部分,外侧的为中肾嵴(mesonephric ridge),内侧的为生殖腺嵴(genital ridge)。

一、泌尿系统的发生

(1) 前肾(pronephros):第4周初,在生肾节内出现前肾小管(pronephric tubule),它的外端与前肾管(pronephric duct)相通。第4周末,前肾小管退化,前肾管向尾部延伸形成中肾管(mesonephric duct)。

(2) 中肾(mesonephros):当前肾退化时,中肾在生肾索内发生。先后形成约80对中肾小管(mesonephric tubule),其外侧与中肾管相通,中肾管末端通入泄殖腔。第8周末,除中肾管和尾端少量的中肾小管被保留外,中肾大部分退化。

(3) 后肾(metanephros):为永久肾。第5周初,中肾管末段近泄殖腔处向背侧头端发出盲管,称输尿管芽(ureteric bud),输尿管芽长入中肾嵴尾端形成生后肾组织(metanephrogenic tissue)。输尿管芽形成肾盂、肾盏和集合管,生后肾组织形成肾小管、肾小体和肾被膜。

二、生殖系统的发生

1. 睾丸和卵巢的发生

(1) 未分化性腺的发生。

生殖腺嵴:为原始消化管背系膜与中肾嵴之间的纵行隆起,由体腔上皮和间充质构成;上皮增生进入间充质,形成索条状的初级性索(primary sex cord)。

原始生殖细胞(primordial germ cell):第4周时产生于卵黄囊顶近尿囊处的内胚层;第6周时沿背系膜迁移,进入生殖腺嵴,未分化性腺形成。

(2) 睾丸的发生:如果胚胎的细胞核型为46,XY,其Y染色体上有SRY基因,表达睾丸决定因子(testis-determining factor),决定了未分化性腺向睾丸方向发育。第7周时,初级性索分化形成睾丸索(testis cord),初级性索的上皮细胞分化为支持细胞,原始生殖细胞分化为精原细胞,间充质分化形成白膜和睾丸间质细胞。

(3)卵巢的发生:胚胎的细胞核型为46,XX,无Y染色体,性腺向卵巢方向分化。初级性索退化;次级性索形成并断裂为细胞团(原始卵泡),次级性索的上皮细胞形成卵泡细胞,原始生殖细胞分化为卵原细胞(增殖、分化为初级卵母细胞,停留于第一次减数分裂前期)。

2. 生殖管道的发生和演化

(1)未分化期:第6周时,胚体先后形成左、右两对生殖管道即中肾管和中肾旁管(paramesonephric duct),两侧中肾旁管的下段为盲端,合并后突入尿生殖窦背侧壁形成隆起的窦结节(sinus tubercle)。

(2)男性生殖管道的分化:中肾旁管退化,部分中肾小管分化形成附睾的输出小管,中肾管分化为附睾管、输精管、精囊和射精管。

(3)女性生殖管道的分化:中肾管退化,中肾旁管分化为输卵管、子宫与阴道穹隆部,窦结节延长为阴道板,后形成中空的阴道。

【目的和要求】

1. 掌握后肾的发生及先天性畸形。
2. 掌握生殖腺的发生及生殖管道的演变。
3. 了解外生殖器的发生和演变。

【实习内容】

一、泌尿系统的发生

1. 前肾和中肾的发生

(1)28天人胚内胚层管道模型上可见一对膨大的中肾,中肾管与泄殖腔相连。

(2)5周人胚体后半部模型上,中肾横断面可见中肾小管、肾小囊及背主动脉分支形成的血管球;中肾管末端已形成输尿管芽。2个月末中肾退化。

2. 后肾的发生

(1)原基的形成。后肾原基有两部分:a.输尿管芽;b.输尿管芽诱导产生生后肾组织。

(2)后肾演变:6周人胚,可见输尿管芽分化为输尿管,并继续分化为肾盂、肾盏、集合小管,生后肾组织形成许多肾单位,以后肾小管与集合小管相通。

第 23 章　泌尿系统和生殖系统的发生

（3）后肾的位置改变：由盆腔上升至腰部，转位使两肾门呈相对位置。

3. 膀胱的发生

（1）从 6 周、8 周人胚模型可见：尿直肠膈将泄殖腔分为背、腹两部分，腹腔侧分为尿生殖窦，末端有尿生殖窦膜，顶端与尿囊相连，左、右中肾管通入尿生殖窦。

（2）尿生殖窦的演变：a. 尿生殖窦上段、尿囊根部和中肾管末端，形成膀胱；b. 尿生殖窦中段，分化为女性尿道或男性的尿道前列腺部和膜部；c. 下段形成男性的尿道海绵体部或女性阴道前庭。

二、生殖系统的发生

1. 生殖腺的发生

（1）未分化性腺的发生：5 周人胚体后半部模型，可见中肾嵴内侧形成纵行的生殖腺嵴，以后形成生殖腺。原始生殖细胞的来源及如何迁移至生殖腺嵴？

（2）睾丸的发生：7 周时，形成袢状生精小管；8 周时，间充质细胞分化为间质细胞并分泌雄激素。睾丸发生的决定性条件是什么？

（3）卵巢的发生：10 周时，初级索退化，形成新的次级索（皮质索）；16 周时，皮质索细胞断裂形成许多细胞团，分别包绕一个卵原细胞，形成原始卵泡，卵原细胞再分化为初级卵母细胞。

（4）睾丸和卵巢的下降：3 个月时，位于盆腔；7~8 个月时睾丸降至阴囊。

2. 生殖管道的发生

（1）未分化期：a. 一对中肾管；b. 一对中肾旁管；6 周人胚体后半部模型，可见两中肾旁管上段位于中肾管外侧，两中肾旁管越过中肾管由中间向尾侧走行，最后在中线合并，下端为盲端，突入尿生殖窦侧壁。何处为窦结节？

（2）女性生殖管道的分化：中肾管退化，中肾旁管分化为输卵管，下段愈合处形成子宫、阴道穹窿；窦结节分化为阴道板，第 5 个月时形成阴道。

（3）男性生殖管道的发生：中肾旁管退化，中肾管发育。部分中肾小管分化为输出小管，中肾管发育为附睾管、输精管、射精管和精囊。

3. 外生殖器的发生

（1）未分化期：6 周模型，为性未分化期。在模型上需要识别以下结构。

① 生殖结节：位于脐与尾之间的一个圆锥形隆起。

② 尿生殖沟：位于生殖结节基部的一个纵行凹陷。

③ 尿生殖褶：尿生殖沟两侧的一对纵行隆起。

④ 阴唇阴囊隆起：位于尿生殖褶外侧的一对纵行隆起。

（2）男性外生殖器的分化：第 14 周男胎模型，可见生殖结节分化形成的阴茎，左右尿生殖褶愈合参与尿道海绵体部的形成，尿生殖沟被包埋入尿道海绵体内形成尿道，阴唇阴囊隆起左右合并分化为阴囊。

（3）女性外生殖器的分化：第 14 周女胎模型，可见生殖结节发育为阴蒂，尿生殖褶分化为小阴唇，阴唇阴囊隆起形成大阴唇。

【思考题】

1. 试述永久肾的发生过程。
2. 试述中肾管与中肾旁管的来源、演变。
3. 试述未分化性腺向睾丸或卵巢分化的过程。

第 24 章 心血管系统的发生

【导读】

胚胎生长迅速,需要不断摄取营养物质并排出代谢废物,心血管系统是胚胎发育中功能活动最早的系统,第 3 周末就开始了血液循环。最先形成原始心血管系统,在此基础上逐渐发育成熟。

一、原始心血管系统的建立

胚胎生成约第 15 天,卵黄囊壁等处的胚外中胚层出现血岛(blood island),血岛中央的细胞分化为造血干细胞,周边细胞分化为内皮细胞,形成原始血管。第 18~20 天时,胚内脏壁中胚层形成血岛,逐渐形成胚体内的内皮管网。第 3 周末,胚内、胚外内皮管网于体蒂处沟通,逐渐形成原始心血管系统(primitive cardiovascular system),并开始血液循环。

二、心脏的发生

(1) 原始心脏的形成:心脏发生于生心区,第 18~19 天时,生心区中胚层内形成围心腔(pericardiac coelom);围心腔的腹侧形成一对头尾纵行、左右并列的生心板(cardiogenic plate),后其中央变空,分别形成左、右心管(cardiac tube),由于胚体出现头褶导致原始心脏转至原始咽的腹侧,而侧褶的出现导致一对心管融合为一条。

(2) 心脏外形的建立:心管各段因生长速度不同,先后出现四个膨大,由头端向尾端依次为心球(bulbus cordis)、心室、心房和静脉窦(sinus venosus)。心球的头端与动脉干(truncus arteriosus)相连,静脉窦分左、右两角,左、右总主静脉、脐静脉和卵黄静脉分别通入两角。由于心管两端固定在心包上,心管生长速度快于心包腔,因此心管出现弯曲,逐渐形成成体心脏的外形,但内部仍未完全分隔。

(3) 心脏内部的分隔分为以下几个方面。

① 房室管的分隔:由背、腹方向的心内膜垫(endocardiac cushion)分隔成左、右房室孔。

② 原始心房的分隔:原始心房中央形成第一房间隔和第二房间隔,第一房间隔上相继出现第一房间孔和第二房间孔,第一房间孔闭合,第二房间隔上留有卵圆孔,胎儿出生

前,右心房的血液可通过卵圆孔和第二房间孔进入左心房,但不能逆流。出生后,第一房间隔和第二房间隔融合,卵圆孔关闭,左、右心房完全分隔。

③ 静脉窦的演变和永久性心房的形成:静脉窦左角萎缩,右角扩大,并入右心房,原始左心房扩展,吸收原始肺静脉及其左、右属支并入左心房,4 条肺静脉直接开口于左心房。

④ 原始心室的分隔:室间隔分为膜部和肌部,室间隔膜部封闭室间孔,由左、右心球嵴和心内膜垫共同形成。

⑤ 动脉干和心球的分隔:由动脉干嵴和球嵴形成螺旋状走行的主动脉肺动脉隔,将动脉干和心球分隔成肺动脉干和升主动脉。

【目的和要求】

1. 掌握心脏内部的分隔及与之有关的先天性畸形。
2. 掌握胎儿血液循环的特点及出生后的改变。
3. 了解原始心脏的形成和心脏外形的演变。

【实习内容】

一、心脏的外形演变

1. 心脏原基形成

在 18~19 天人胚矢状面模型上,口咽膜头侧可见生心区:围心腔在背侧,其腹侧有一对并列的生心板。

2. 原始心脏

(1) 位置转变:22 天人胚,心管和围心腔转到咽的腹侧,心管转至围心腔的背侧。

(2) 生心板的演变:a. 先演变成一对生心管,然后左、右合并形成一条心管(22 天人胚);b. 28 天人胚,心管陷入心包腔。

3. 心脏外形的建立

(1) 22 天时,心管出现三个膨大,从头端向尾端依次为心球、心室和心房。心球与动脉相连;心房与静脉相连。以后,心房尾端膨大,形成静脉窦。

(2) 23 天时,形成"U"形球室袢,凸向右、前和尾侧。

(3) 28 天时,心脏外形呈"S"形弯曲,心房移至心室头端、背侧、偏左,整个心脏呈"S"形弯曲。

(4) 各段演变:心房扩大,从左、右侧膨出动脉干;房室沟形成狭窄的房室管,心球依次分化为动脉干和原始右心室;心室成为原始左心室,出现室间沟。

二、心脏的内部分隔

观察一套人胚原始心脏发生模型,先看外形演变,区分左、右心房,心室,动脉干和静脉窦,在剖面上观察内部分隔。

1. 房室管的分隔

5周时,房室管腹侧壁和背侧壁正中线上各形成一个心内膜垫,相对生长,互相融合,便将房室管分隔成左、右房室孔。

2. 原始心房的分隔(附图24-1,附图24-2)

(1) 第一房间隔形成:4周人胚心脏原始心房出现第一房间隔,与心内膜垫之间的孔为第一房间孔。

(2) 第二房间隔形成(5周人胚心脏模型):可见在第一房间隔右侧出现第二房间隔,厚,与心内垫之间留有一孔,为卵圆孔。第一房间隔上的第一房间孔愈合,留下第二房间孔。观察第一房间隔与卵圆孔的关系。分析胚胎的血液循环的特点及卵圆孔关闭后血液循环的改变。

3. 原始心室的分隔(附图24-1,附图24-2)

(1) 室间隔肌部的形成:4周末人胚心脏,在原始左、右心室之间形成一个较厚的半月形肌性嵴,与心内膜垫之间的孔为室间孔。

(2) 室间隔膜部的形成:7周末人胚心腔模型,室间隔膜部形成,室间孔关闭了。室间隔膜部来源如何?

4. 动脉干与心球的分隔

5周时,动脉干和心球内形成一对纵嵴,为左、右动脉干嵴和球嵴,注意观察其螺旋走行的方位。7周时,左、右球嵴融合,形成螺旋走行的主动脉肺动脉隔,把动脉干和心球分隔成肺动脉干和升主动脉,分别与右心室和左心室相通。

5. 静脉窦的演变

观察4周、5周和7周人胚心脏静脉窦的演变过程。

三、胎儿血液循环和出生后的变化

1. 胎儿血液循环途径的特殊部分

(1) 脐动脉、脐静脉:是氧和营养物质的主要来源。各有几条?各含有哪种血液?

(2) 静脉导管:连接脐静脉和下腔静脉。

(3) 左、右心房以卵圆孔相通。进入右心房的血液如何分配?为什么?

(4) 动脉导管:连接肺动脉与降主动脉,肺动脉血90%经动脉导管进入降主动脉。

2. 血液供应特点

(1) 肺无呼吸功能,注入肺的血液少。

(2) 头和上肢血液丰富,富于营养和氧。

（3）下肢血液供应较少。

3. 出生后的变化

胎儿出生后断脐，肺呼吸功能建立，胎盘循环中断，血液循环发生了一系列的变化。

（1）脐静脉闭锁，成为肝圆韧带。

（2）脐动脉大部分闭锁，成为脐外侧韧带，保留部分为膀胱上动脉。

（3）静脉导管闭锁，成为静脉韧带。

（4）卵圆孔关闭，一年后完全融合，原因是什么？

（5）动脉导管闭锁，成为动脉韧带。

【思考题】

1. 试述心房内部分隔过程，其心内分流作用及常见先天性畸形的原因。
2. 试述心室内部分隔过程及常见先天性畸形。
3. 试述心球和动脉干的分隔过程及常见先天性畸形的原因。
4. 试述胎儿血液循环特点及出生后的变化。

第 25 章　神经系统和眼耳的发生

【导读】

一、神经管和神经嵴的早期分化

神经系统来源于神经外胚层,由神经管与神经嵴分化形成。神经管分化为脑、脊髓、神经垂体、松果体和视网膜等;神经嵴分化为神经节、周围神经和肾上腺髓质等。

二、脊髓的发生

神经管尾段分化为脊髓,其管腔演化为中央管,套层分化为脊髓灰质,边缘层分化为白质。套层细胞增生,腹侧部增厚形成左、右基板,分化为灰质前角(成神经细胞分化为躯体运动神经元),背侧部增厚形成左、右翼板,分化为灰质后角(成神经细胞分化为中间神经元),聚集于基板和翼板之间的细胞形成侧角(成神经细胞分化为内脏传出神经元)。

三、脑的发生

神经管头段发育为脑,神经管头段膨大形成三个脑泡,从头至尾依次为前脑泡、中脑泡和菱脑泡。前脑泡的头端形成左、右端脑,以后演变为两个大脑半球,尾端则发育为间脑。中脑泡演变为中脑。菱脑泡的头段发育为后脑,再演变为脑桥和小脑,尾段演变为末脑,再发育为延髓。

四、眼的发生

眼的各部分是由视杯、视柄、晶状体泡及它们周围的间充质分化所形成。胚胎第 4 周,前脑膨出左、右一对视泡(optic vesicle),其远端膨大、内陷形成视杯,近端变细形成视柄。表面外胚层在视泡的诱导下增厚,形成晶状体板;晶状体板内陷入视杯内,形成晶状体泡。

视网膜由视杯内、外两层分化形成。视神经由节细胞的轴突和视柄细胞演变的胶质细胞混杂在一起所形成。晶状体由晶状体泡演变而成。晶状体泡前方的外胚层形成角膜上皮,上皮后的间充质形成角膜其余各层。视杯口的间充质形成虹膜基质,其周边部分厚,中央部分薄,为瞳孔膜。视杯的前缘部分形成虹膜上皮,在晶状体泡与角膜上皮之间填充的间充质内出现腔隙,即前房。虹膜与睫状体形成后,二者与晶状体之间形成后房。出生前瞳孔膜被吸收,前、后房相通。

五、内耳的发生

第4周初,菱脑泡两侧的外胚层增厚形成听板,继而内陷形成听窝,听窝闭合形成听泡(otic vesicle),听泡向背腹方向延伸增大,形成背侧的前庭囊与腹侧的耳蜗囊,前庭囊形成三个膜半规管与椭圆囊的上皮,耳蜗囊形成球囊与耳蜗管的上皮。听泡及其周围的间充质形成膜迷路,膜迷路周围的间充质形成软骨性囊,软骨性囊骨化形成骨迷路。

【目的和要求】

1. 了解脑泡的发生、演变和先天性畸形。
2. 了解眼各部分的胚层来源。
3. 了解内耳的发生。

【实习内容】

一、脑的发生

(1) 四周人胚横切模型:复习神经管的形成与分化。
(2) 胚胎脑泡模型:观察脑泡的演变。

模型①:第4周人胚,为三脑泡期。神经管头端依次分出前脑泡、中脑泡、菱脑泡和脊髓。中脑泡部位的弯曲为中脑曲,菱脑泡与脊髓之间的弯曲为颈曲。在前脑泡两侧有眼泡发生。菱脑泡侧壁表面的突起为听神经根部的神经节。

模型②:第5周人胚,为五脑泡期。从头至尾依次分出端脑、间脑、中脑、菱脑、末脑和脊髓。眼杯位于间脑的侧壁。在脑泡的纵切面上可见脑室腔。

模型③:第6周人胚,继续观察五脑泡的演变。间脑的横切面上可见眼蒂和垂体漏斗。

模型④:第9周人胚,继续观察五脑泡的演变。脑部更弯曲,菱脑部腹侧突起形成脑桥曲,端脑两侧壁开始膨大突出形成大脑泡,将来形成大脑两半球。

(3) 5个月末人胚胎脑模型。

大脑半球的发育:由大脑泡向上、向前、向后作弧形的膨大,将其他脑部遮盖成为大脑半球,5个月的大脑半球表面仍光滑平坦,难见沟回。

小脑半球的发育:5个月人胚胎小脑半球已形成,它由菱脑的背侧部分形成。

二、眼的发生

模型表示眼发生的几个阶段。

第4周时,前脑泡侧壁突出形成左、右两个眼泡。

第5周前脑泡发育成端脑和间脑时,眼蒂连于间脑的腹外侧壁。眼泡的远端逐渐内陷形成眼杯,与此同时覆盖眼泡表面的外胚层增厚并内陷,形成晶状体泡,以后与表面外胚层脱离并完全陷入眼杯内,发育为晶状体。

【思考题】

1. 试述脑泡的演变和相关的先天性畸形。
2. 试述眼的发生。

第26章 畸形学概论

【导读】

先天性畸形(congenital malformation)是由于胚胎发育紊乱所导致的形态结构的异常。

畸形学(reratology):研究先天性畸形发生的原因、过程与机理,是预防、诊断和治疗先天性畸形的理论基础。

一、先天性畸形的发生原因

(1)遗传因素。

① 染色体畸变:包括染色体数目的变化和染色体结构的改变;是由亲代遗传或生殖细胞异常发育引起的。

② 基因突变:DNA 分子碱基组成或排列顺序发生改变。

(2)环境因素:引起先天性畸形的环境因素统称致畸因子(teratogen)。

① 生物性致畸因子:风疹病毒、单纯疱疹病毒、弓形虫和梅毒螺旋体等。

② 物理性致畸因子:射线、机械性压迫和损伤、高温、严寒和微波等。

③ 致畸性药物:抗肿瘤、抗惊厥、抗凝血药物,抗生素和激素等。

④ 化学性致畸因子:工业"三废"、农药、食品添加剂和防腐剂均含有致畸因子;某些多环芳香碳氢化合物、某些亚硝基化合物、某些烷基、苯基化合物和重金属(铅、镉、汞等)。

⑤ 其他致畸因子:吸烟、酗酒、缺氧和严重营养不良等。

二、致畸敏感期

胚胎受到致畸因子作用后最易发生畸形的时期称致畸敏感期(susceptible period)。胚期第 3~8 周,最易受致畸因子的干扰而发生畸形,因此处于致畸敏感期。

三、先天性畸形的预防和检查

(1)羊水检查:可做羊水的染色体组型检查和 DNA 分析,也可检测羊水的化学成分。

第26章 畸形学概论

(2) 绒毛膜活检:检测绒毛膜细胞的染色体组型和 DNA 分析。
(3) 仪器检查:B 型超声波检查可诊断胎儿外部畸形和某些内脏畸形。

【目的和要求】

通过对胚胎实物标本的观察,了解和认识常见的先天性畸形。

【实习内容】

一、标本观察

(1) 唇裂:上颌突和同侧内侧鼻突未愈合所致。
(2) 腭裂:两外侧腭突未愈合所致。
(3) 面斜裂:上颌突和同侧外侧鼻突未愈合所致。
(4) 腹裂:在胚胎发育早期,胚体两侧腹壁在腹侧正中线处未完全封闭,使肝肠等内脏暴露于体外。
(5) 心脏外翻:由于胸壁未融合造成。
(6) 膈疝:由于膈肌发育不全形成缺口,腹腔内脏由此疝孔突向胸腔,压迫心肺。
(7) 脊柱裂:由于椎弓未融合,可有脊膜膨出或脊髓膨出,更严重者可见脊髓敞开暴露于表面。
(8) 无脑儿:由于神经管前神经孔未闭合,导致脑不发育形成无脑畸形。
(9) 脑疝:由于颅骨发育不良,以致脑从该处膨出。
(10) 头小畸形:颅骨骨缝愈合过早,致使脑部发育不全,头小,尤其耳以上部分很小。患者智力低下或完全无能。
(11) 短肢:上臂和大腿生长不足,形成短肢畸形。
(12) 并腿:两个下肢芽在生长时融合,形成圆锥形结构,因此胎儿下半身就像鱼一样。
(13) 先天性鱼鳞病(表皮发育异常):皮肤角化增厚,致使胎儿全身包着一层像皮革一样的硬皮,皮肤上有深的裂沟。
(14) 联胎:单卵双生儿偶尔可在发育过程中连接在一起,导致联体畸胎。有头联体、胸腹联体和臀联体等。

【思考题】

1. 试述先天性畸形的发生原因。
2. 试述几种常见的先天性畸形及形成原因。

附录

中英文名词对照

B

白髓 white pulp
白细胞 leukocyte
半桥粒 hemidesmosome
背胰芽 dorsal pancreas bud
被覆上皮 covering epithelium
鼻板 nasal placode
鼻窝 nasal pit
壁细胞 parietal cell
变移上皮 transitional epithelium
表皮 epidermis

C

成骨细胞 osteoblast
成熟卵泡 mature follicle
成纤维细胞 fibroblast
初级精母细胞 primary spermatocyte
初级卵泡 primary follicle
初级性索 primary sex cord
触觉小体 tactile corpuscle
传出神经元 efferent neuron
垂体 hypophysis
垂体门脉系统 hypophyseal portal system
次级精母细胞 secondary spermatocytes

次级卵泡 secondary follicle

D

大颗粒淋巴细胞 large granular lymphocyte, LGL
单层扁平上皮 simple squamous epithelium
单层立方上皮 simple cuboidal epithelium
单层柱状上皮 simple columnar epithelium
单核细胞 monocyte
胆小管 bile canaliculi
动脉干 truncus arteriosus
窦结节 sinus tubercle
窦周间隙 perisinusoidal space
多极神经元 multipolar neuron
多形细胞层 polymorphic layer

E

Ⅱ型肺泡细胞 type II alveolar cells
额鼻突 frontonasal process

F

放射冠 corona
肥大细胞 mast cell
肺泡 alveolar
肺泡隔 interalveolar septum
肺泡管 the alveolar ducts
肺泡囊 alveolar sac
肺芽 lung bud
分子层 molecular layer
缝隙连接 gap junction
复层扁平上皮 stratified squamous epithelium
复层柱状上皮 stratified columnar epithelium
副皮质区 paracortical region
腹胰芽 ventral pancreas bud

G

肝憩室 hepatic diverticulum
肝细胞 hepatocyte
肝小叶 hepatic lobule
肝血窦 hepatic sinusiod
感觉神经末梢 sensory nerver ending
感觉神经元 sensory neuron
高尔基II型神经元 Golgi type II neuron
高尔基I型神经元 Golgi type I neuron
高血糖素 glucagon
睾丸间质细胞 leydig cells
睾丸决定因子 testis-determining factor
巩膜 sclera
骨 bone
骨单位 osteon
骨骼肌 skeletal muscle
骨基质 bone matrix
骨迷路 osseous labyrinth
骨内膜 endosteum
骨髓依赖淋巴细胞 bone marrow dependent lymphocyte
骨外膜 peristeum
骨细胞 osteocyte
骨组织 osseous tissue
骨祖细胞 osteoprogenitor cell
固有层 laminapropria

H

汗腺 sweat gland
赫令氏体 herring bodies
黑素细胞 melanocyte
横小管 transverse tubule
红细胞 erythrocyte
虹膜 iris
喉气管沟 laryngotracheal groove

喉气管憩室 laryngotracheal diverticulum
后肠 hindgut
后界层 posterior limiting lamina
后肾 metanephros
环层小体 lamellar corpuscle
环骨板 circumferential lamella
黄斑 macula lutea
黄体 the corpus luteum

J

肌浆 sarcoplasm
肌浆网 sarcoplasmic reticulum
肌膜 sarcolemma
肌内膜 endomysium
肌束膜 perimysium
肌梭 muscle spindle
肌外膜 epimysium
肌卫星细胞 muscle satellite cell
肌纤维 muscle fiber
肌原纤维 myofibril
肌组织 muscle tissue
基底层 stratum basale
基膜 basement membrane
畸形学 reratology
棘层 stratum spinosum
集合小管 collecting tubule
甲状腺 thyroid gland
假单极神经元 pseudounipolar neuron
假复层纤毛柱状上皮 pseudostratified ciliated columnar epithelium
浆液性腺泡 serous acinus
角膜 cornea
角膜基质 corneal stroma
角膜内皮 corneal endothelium
角膜上皮 corneal epithelium
角膜缘 corneal limbus

角质层 stratum corneum
节细胞 ganglion cell
结缔组织 connective tissue
结间体 internode
睫状体 ciliary body
紧密连接 tight junction
近端小管 the proximal tubule
精原细胞 spermatogonial cells
精子 sperm
精子细胞 sperm cells
静脉窦 sinus venosus
巨噬细胞 macrophage

K

颗粒层 stratum granulosum
口凹 stomodeum
库普弗细胞 kuffer's cell

L

郎飞结 ranvier node
朗格汉斯细胞 Langerhans cell
类骨质 osteoid
连接复合体 junctional complex
淋巴结 lymph node
淋巴滤泡 lymphoid follicle
淋巴细胞 lymphocyte
淋巴小结 lymphoid nodule
滤过屏障 filtration barrier
滤泡旁腺 parathyroid gland
卵黄囊 yolk sac
卵裂 cleavage
卵泡壁 the follicle wall
卵泡腔 follicular cavity
卵丘 cumulus

M

脉络膜 choroid
毛 hair
梅克尔细胞 Merkle cell
门管区 portal area
弥散淋巴组织 diffuse lymphoid tissue
泌酸细胞 oxyntic cell
泌酸腺 oxyntic gland
密质骨 compact bone
膜迷路 membranous labyrinth
膜内成骨 intrammbranous ossification

N

内侧鼻突 median nasal process
内分泌腺 endocrine gland
内颗粒层 internal granular layer
内细胞群 inner cellmass
内锥体细胞层 internal pyramidal layer
尼氏体 nissl body
尿囊 allantois
尿生殖窦 urorectal sinus
尿生殖嵴 urogenital ridge
尿直肠隔 urorectal septum
黏膜 tunicamucosa
黏膜肌层 muscularismucosa
黏液性腺泡 mucous acinus

P

排卵 ovulation
泡心细胞 centroacinar cell
胚泡 blastocyst
胚泡腔 blastocoele
胚期 ernbryonic period
皮肤 skin

皮脂腺 sebaceous gland
皮质 cortex
皮质淋巴窦 cortical sinus
脾 spleen
脾小体 splenic corpuscle
平滑肌 smooth muscle
破骨细胞 osteoclast
蒲肯耶细胞层 purkinje cell layer

Q

脐带 umbilical cord
前肠 foregut
前界层 anterior limiting lamina
前肾 pronephros
前肾管 pronephric duct
前肾小管 pronephric tubule
桥粒 desmosome
球旁复合体 juxtaglomerular complex
球旁细胞 juxtaglomerular cell

R

人体胚胎学 human embryology
绒毛膜 chorion
乳头层 papillary
软骨 cartilage
软骨基质 cartilage matrix
软骨膜 perichondrium
软骨内成骨 endochondral ossification
软骨细胞 chondrocyte

S

鳃弓 branchial arch
鳃沟 branchial groove
鳃膜 branchial membrane
鳃器 branchial apparatus

桑葚胚 morula
色素上皮细胞 pigment epithelial cell
上颌突 maxillary process
上胚层 epiblast
上皮组织 epithelial tissue
少突胶质细胞 oligodendrocyte
神经垂体 neurohypophysis
神经胶质细胞 neuroglial cell
神经内膜 endoneurium
神经乳头 papilla of optic nerve
神经束膜 peineurium
神经外膜 epineurium
神经细胞 nerve cell
神经纤维 nerver fiber
神经元 neuron
神经组织 nervous tissue
肾单位 nephron
肾上腺 adrenal gland
肾小囊 renal capsule
生发中心 germinal center
生后肾组织 metanephrogenic tissue
生精细胞 spermatogenic cells
生精小管 seminiferous tubule
生肾节 nephrotome
生肾索 nephrogenic cord
生心板 cardiogenic plate
生殖腺嵴 genital ridge
施万细胞 Schwann cell
视杆细胞 rod cell
视盘 optic disc
视泡 optic vesicle
视网膜 retina
视细胞 visual cell
视锥细胞 cone cell
室管膜细胞 ependymal cell

嗜碱性粒细胞 basophilic granulocyte
嗜酸性粒细胞 eosinophilic granulocyte
受精 fertilization
疏松结缔组织 loose connective tissue
输尿管芽 ureteric bud
束细胞 bundle cell
刷状缘 brush border
双极神经元 bipolar neuron
双极细胞 bipolar cell
松质骨 spongy bone

T

弹性软骨 elastic cartilage
胎膜 fetal membrane
胎盘 placenta
胎盘屏障 placental barrier
胎期 fetal period
听泡 otic vesicle
透明层 stratum lucilum
透明软骨 hyaline cartilage
突触 synapse
突触后成分 postsynaptic element
突触间隙 synaptic cleft
突触前成分 presynaptic element

W

外侧鼻突 lateral nasal process
外侧腭突 lateral palatine process
外分泌腺 exocrine gland
外颗粒层 external granular layer
外锥体细胞层 external pyramidal layer
网织层 reticular layer
网状组织 reticular tissue
微绒毛 microvillus
围心腔 pericardiac coelom

卫星细胞 satellite cell
胃底腺 fundic gland
胃酶细胞 zymogenic cell
纹状缘 striated border

X

细段 thin section
下颌突 mandibular process
下胚层 hypoblast
先天性畸形 congenital malformation
纤毛 cilium
纤维软骨 fibrous cartilage
腺 gland
腺垂体 pars distalis
腺泡 acinus
腺上皮 glandular epithelium
小肠腺 small intestinal gland
小胶质细胞 microgola
泄殖腔 cloaca
心管 cardiac tube
心肌 cardiac muscle
心内膜垫 endocardiac cushion
心球 bulbus cordis
星形胶质细胞 astrocyte
胸腺依赖淋巴细胞 thymus dependent lymphocyte
血岛 blood island
血－睾屏障 blood testis barrier
血管球 glomus
血红蛋白 hemoglobin
血小板 blood platelet
血液 blood

Y

咽囊 pharyngeal pouch
羊膜 amn ion

I型肺泡细胞 type I alveolar cell
胰岛 pancreas islet
胰岛素 insulin
胰腺 pancreas
游离神经末梢 free nerve engding
有孔内皮 fenestrated endothelial
原始卵泡 primordial follicle
原始生殖细胞 primordial germ cell
原始消化管 primitive gut
原始心血管系统 primitive cardiovascular system
远端小管 the distal tubule
运动神经末梢 motor nerve ending
运动神经元 motor neuron

Z

真皮 dermis
正中腭突 median palatine process
支持细胞 sertoli cells
脂肪组织 adipose tissue
植入 implantation
质膜内褶 plasma membrane infolding
致畸敏感期 susceptible period
致畸因子 teratogen
致密斑 the macula densa
致密结缔组织 dense connective tissue
中肠 midgut
中肠袢 midgut loop
中间部 pars intermedia
中间连接 intermediate junction
中间神经元 interneuron
中胚层 mesoderm
中肾 mesonephros
中肾管 mesonephric duct
中肾嵴 mesonephric ridge
中肾旁管 paramesonephric duct

中肾小管 mesonephric tubule
中性粒细胞 neutrophilic granulocyte
中央凹 central fovea
终末细支气管 terminal bronchiole
轴膜 axolemma
轴丘 axon hillock
轴突运输 axonal transport
主细胞 chief cell
贮脂细胞 fat-storing cell
滋养层 trophoblast
自然杀伤淋巴细胞 nature killer cell
足细胞裂孔膜 the podocyte slit diaphragm

彩色图谱

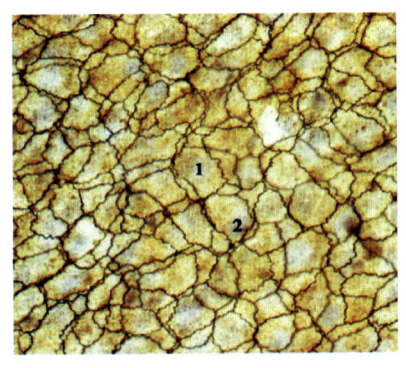

附图 2-1 单层扁平上皮
（硝酸银染色 高倍）
1.扁平细胞 2.细胞核

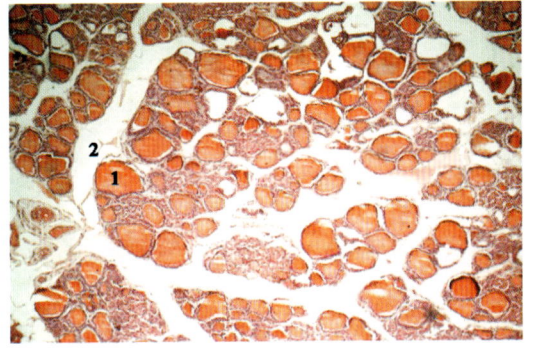

附图 2-2 单层立方上皮
（HE 染色 低倍）
1.甲状腺滤泡 2.结缔组织

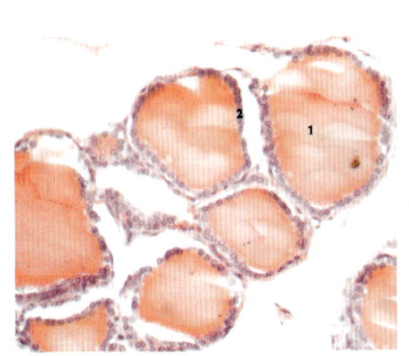

附图 2-3 单层立方上皮
（HE 染色 高倍）
1.胶质 2.单层立方上皮

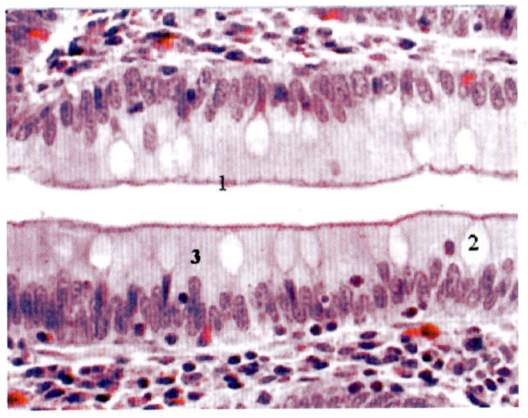

附图 2-4 单层柱状上皮
（HE 染色 高倍）
1.纹状缘 2.杯状细胞 3.柱状细胞

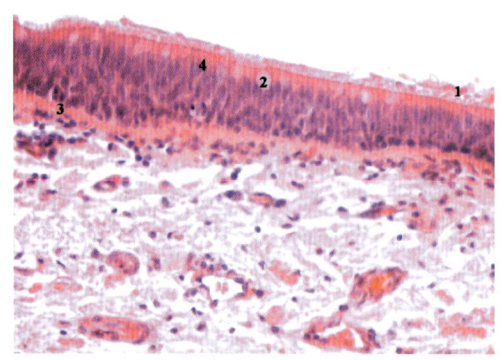

附图 2-5　假复层纤毛柱状上皮
（HE 染色　高倍）
1. 纤毛　2. 杯状细胞　3. 基膜　4. 柱状细胞

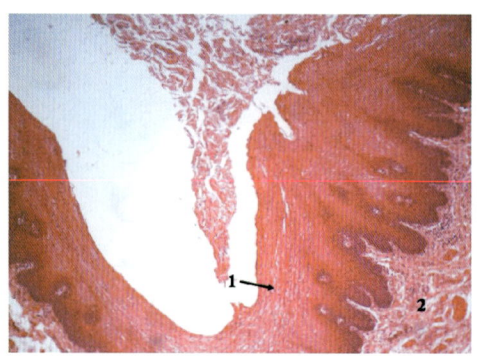

附图 2-6　复层扁平上皮
（HE 染色　低倍）
1. 复层扁平上皮　2. 结缔组织

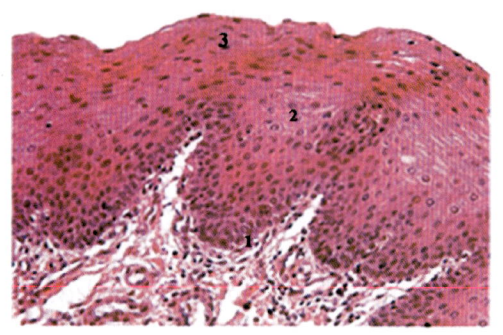

附图 2-7　复层扁平上皮（HE 染色　高倍）
1. 矮柱状细胞　2. 多边形细胞　3. 梭形细胞

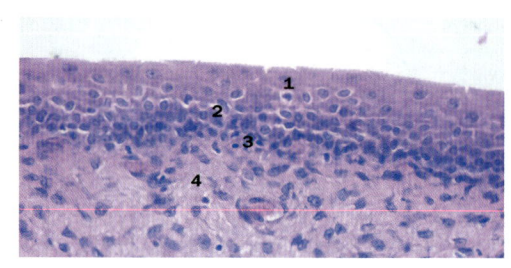

附图 2-8　变移上皮（收缩状态）
（HE 染色　高倍）
1. 盖细胞　2. 中间层细胞
3. 基底层细胞　4. 结缔组织

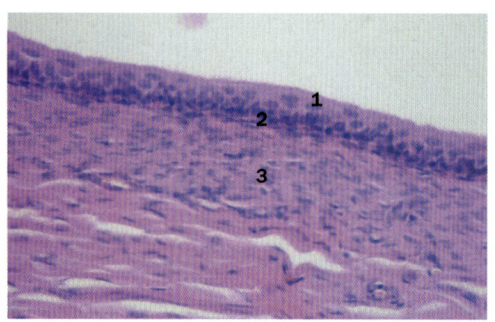

附图 2-9　变移上皮（扩张状态）
（HE 染色　高倍）
1. 盖细胞　2. 基底层细胞　3. 结缔组织

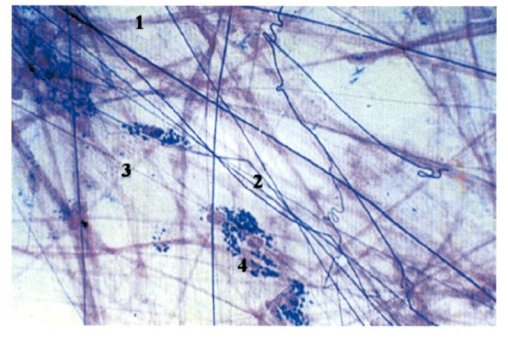

附图 3-1　疏松结缔组织（特染　高倍）
1. 胶原纤维　2. 弹性纤维
3. 成纤维细胞　4. 巨噬细胞

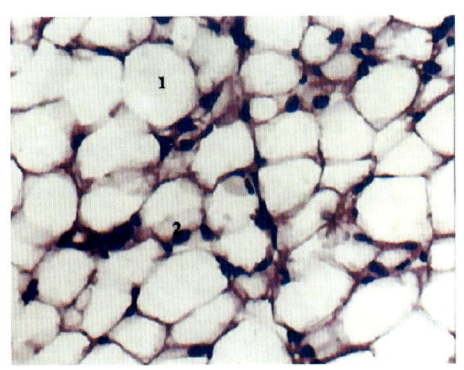

附图3-2 脂肪组织（HE染色 高倍）
1.脂肪细胞 2.细胞核

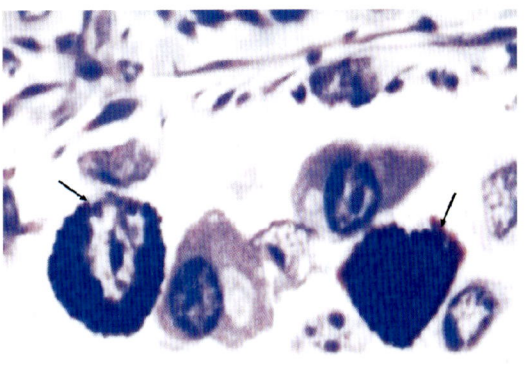

附图3-3 肥大细胞↑（甲苯胺蓝染色 高倍）

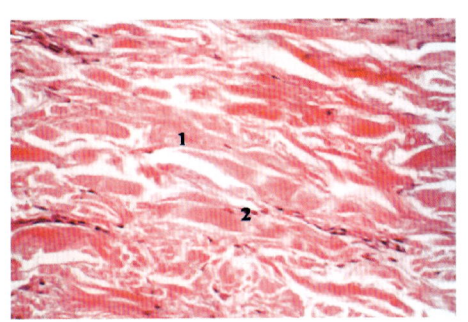

附图3-4 不规则致密结缔组织
（HE染色 高倍）
1.胶原纤维 2.成纤维细胞

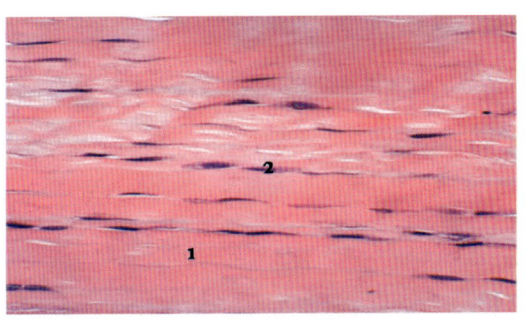

附图3-5 规则致密结缔组织
（HE染色 高倍）
1.胶原纤维束 2.腱细胞

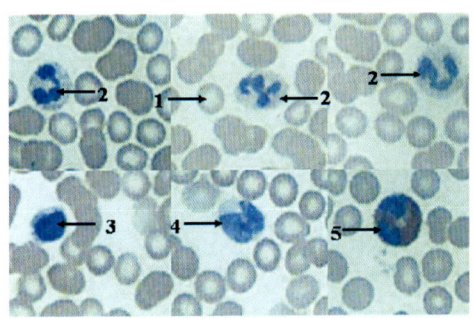

附图4-1 血涂片（瑞氏染色 高倍）
1.红细胞 2.中性粒细胞 3.淋巴细胞
4.单核细胞 5.嗜酸性粒细胞

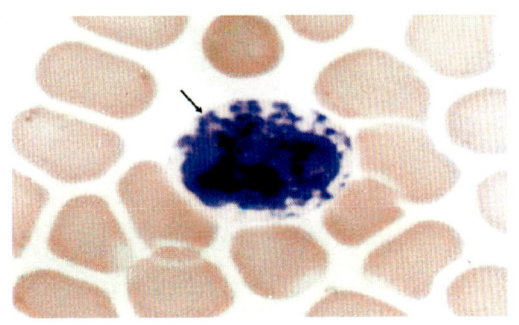

附图4-2 嗜碱性粒细胞↑
（瑞氏染色 油镜）

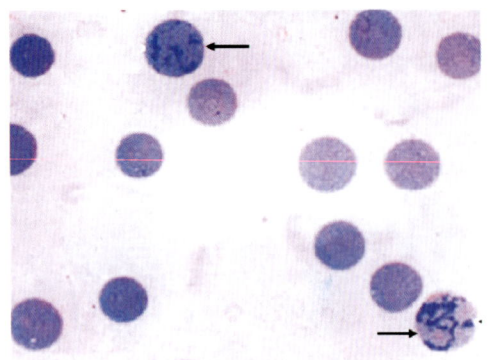

附图4-3 网织红细胞↑
（煌焦油蓝染色 高倍）

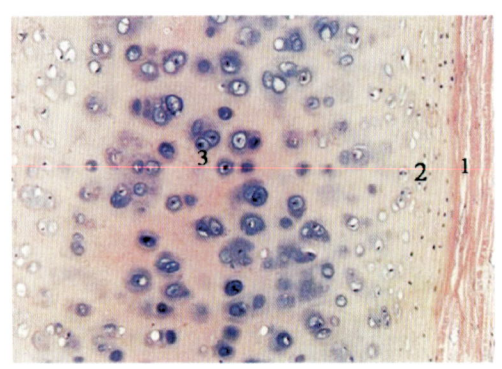

附图5-1 透明软骨（HE染色 低倍）
1.软骨膜 2.幼稚软骨细胞 3.同源细胞群

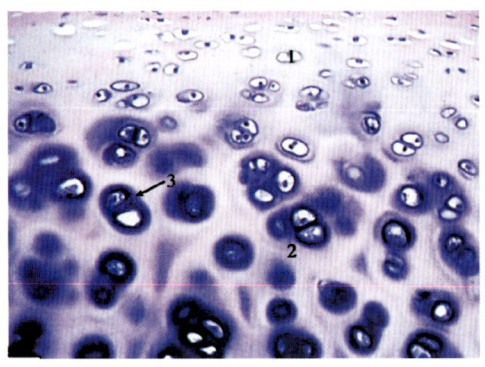

附图5-2 透明软骨（HE染色 高倍）
1.幼稚软骨细胞 2.同源细胞群 3.软骨囊

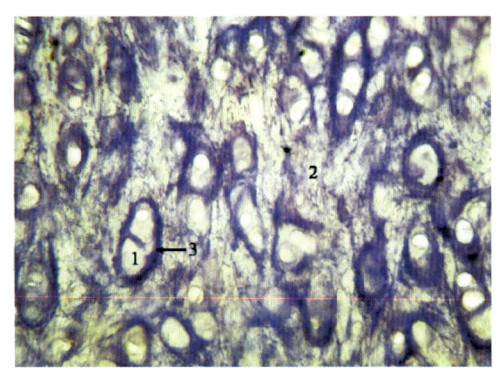

附图5-3 弹性软骨（地衣红染色 高倍）
1.软骨细胞 2.弹性纤维 3.软骨囊

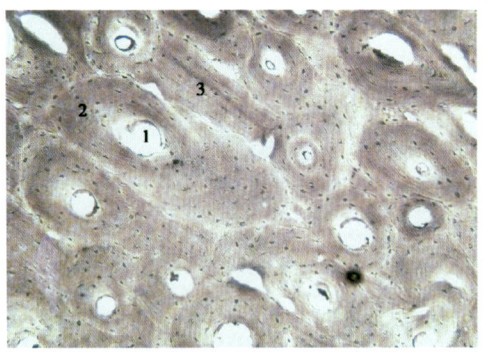

附图5-4 骨切片（硫堇-苦味酸染色 低倍）
1.中央管 2.哈弗氏骨板 3.间骨板

附图5-5 骨切片（硫堇-苦味酸染色 高倍）
1.中央管 2.骨陷窝 3.骨小管

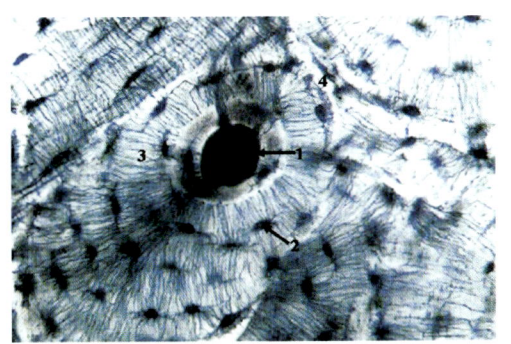

附图5-6 骨磨片（硝酸银染色 高倍）
1.中央管 2.骨陷窝 3.骨小管 4.黏合线

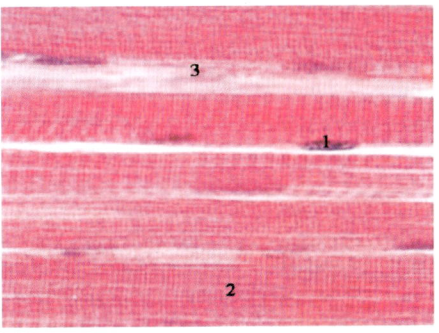

附图6-1 骨骼肌纵切（HE染色 高倍）
1.肌细胞核 2.骨骼肌纤维 3.结缔组织

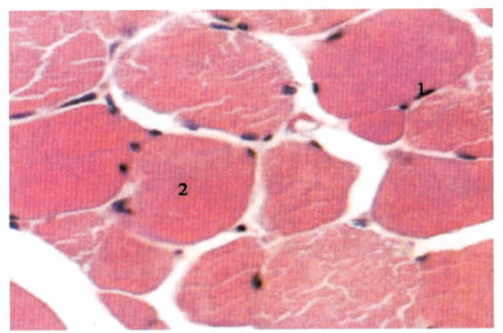

附图6-2 骨骼肌横切（HE染色 高倍）
1.肌细胞核 2.肌原纤维

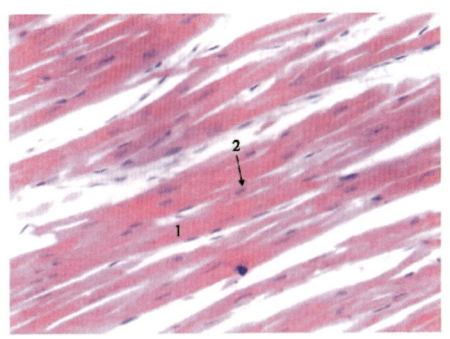

附图6-3 心肌纵切（HE染色 高倍）
1.心肌纤维 2.心肌细胞核

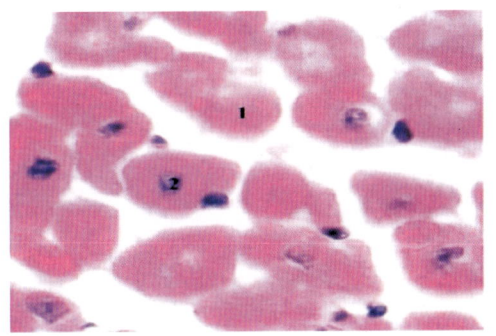

附图6-4 心肌横切（HE染色 高倍）
1.心肌纤维 2.心肌细胞核

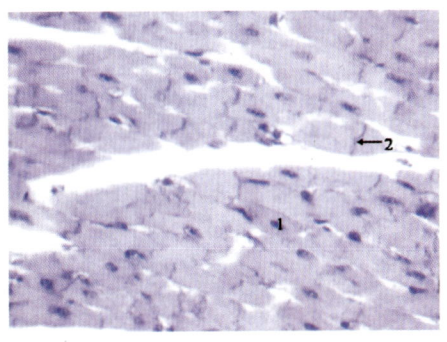

图6-5 心肌纵切（碘苏木精染色 高倍）
1.细胞核 2.闰盘

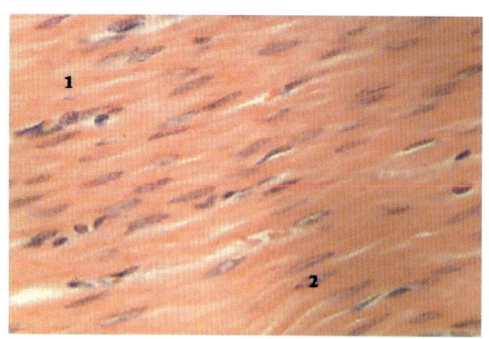

附图6-6 平滑肌纵切(HE染色 高倍)
1.平滑肌纤维 2.平滑肌细胞核

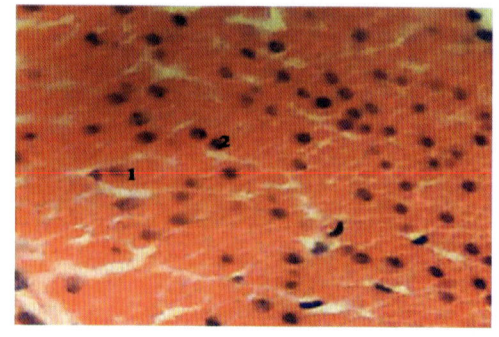

附图6-7 平滑肌横切(HE染色 高倍)
1.平滑肌纤维 2.平滑肌细胞核

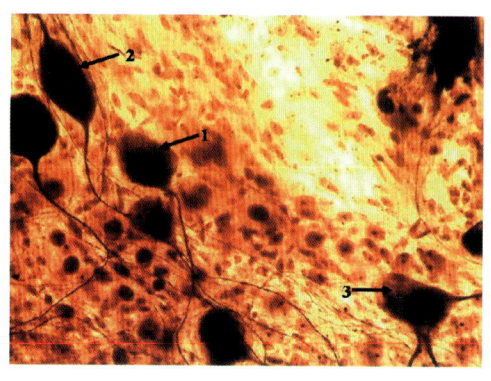

附图7-1 神经元(硝酸银染色 高倍)
1.假单极神经元 2.双极神经元 3.多极神经元

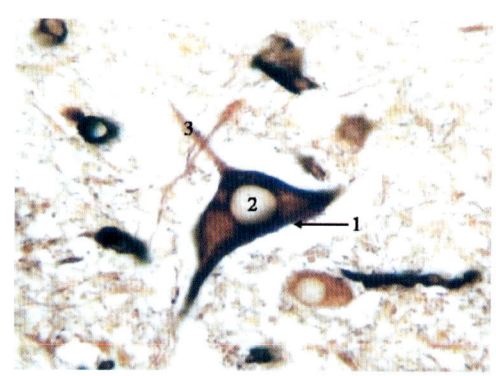

附图7-2 多极神经元(硝酸银染色 高倍)
1.胞体 2.胞核 3.突起

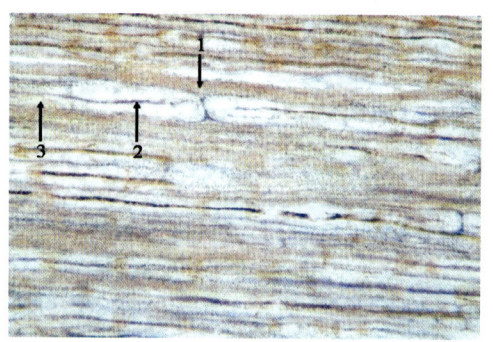

附图7-3 有髓神经纤维纵切(锇酸浸染 高倍)
1.郎飞结 2.轴突 3.髓鞘

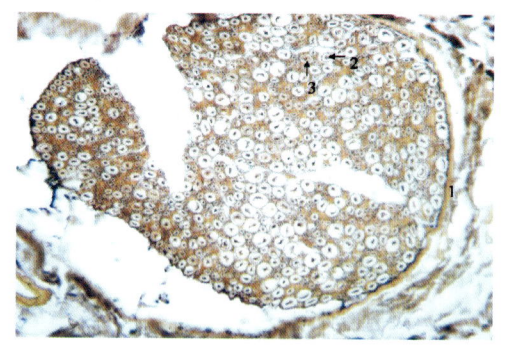

附图7-4 有髓神经纤维横切(锇酸浸染 高倍)
1.神经束膜 2.轴突 3.髓鞘

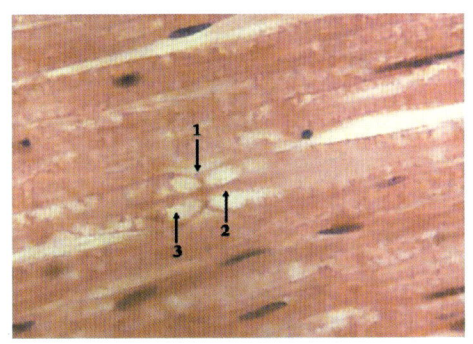

附图 7-5　有髓神经纤维纵切
（HE 染色　高倍）
1. 郎飞结　2. 轴突　3. 髓鞘

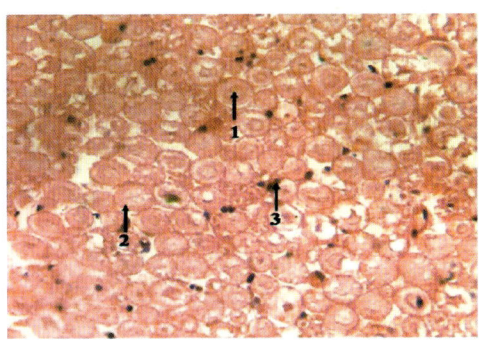

附图 7-6　有髓神经纤维横切
（HE 染色　高倍）
1. 轴突　2. 髓鞘　3. 施万细胞核

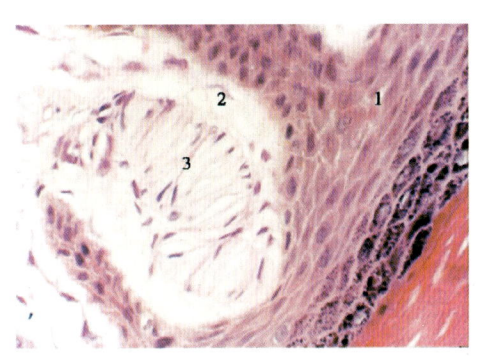

附图 7-7　触觉小体
（HE 染色　高倍）
1. 表皮　2. 真皮乳头　3. 触觉小体

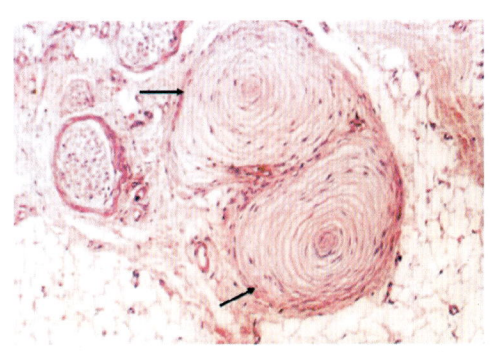

附图 7-8　环层小体↑
（HE 染色　高倍）

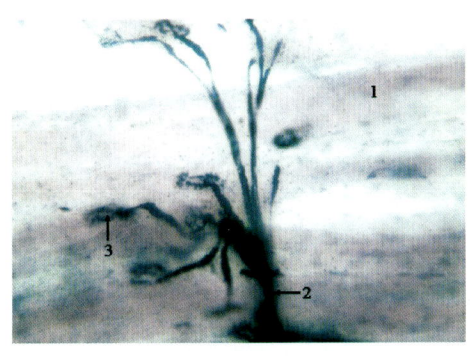

附图 7-9　运动终板
（镀金染色　高倍）
1. 骨骼肌纤维　2. 有髓神经纤维　3. 运动终板

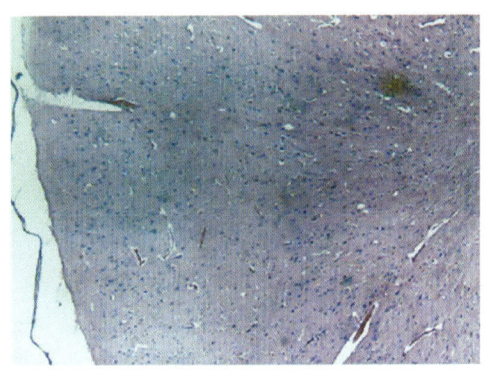

附图 8-1　大脑皮质
（HE 染色　低倍）

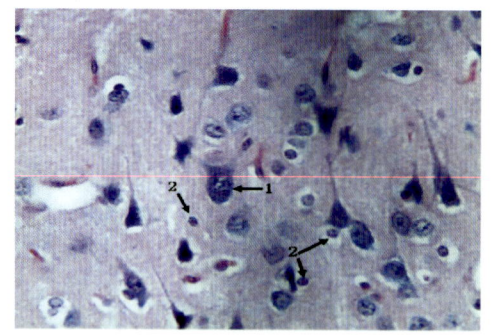

附图 8-2 大脑皮质(HE 染色 高倍)
1. 锥体细胞 2. 神经胶质细胞

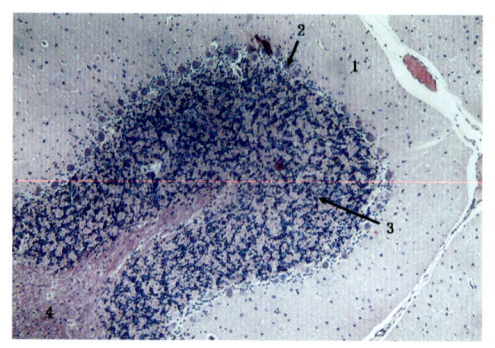

附图 8-3 小脑(HE 染色 低倍)
1. 分子层 2. 蒲肯耶细胞层
3. 颗粒层 4. 髓质

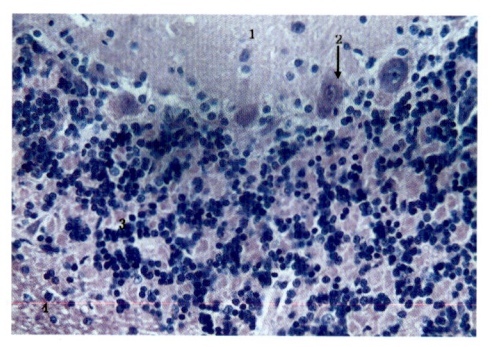

附图 8-4 小脑(HE 染色 高倍)
1. 分子层 2. 蒲肯耶细胞 3. 颗粒层 4. 髓质

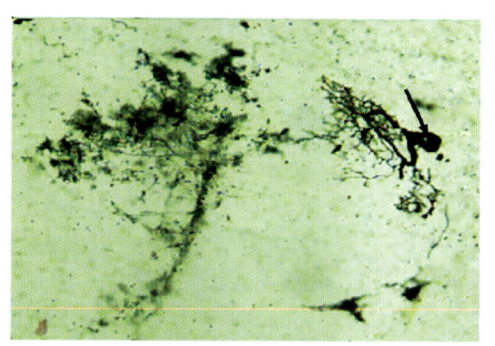

附图 8-5 小脑(镀银染色 高倍)
蒲肯耶细胞↑(梨状细胞)

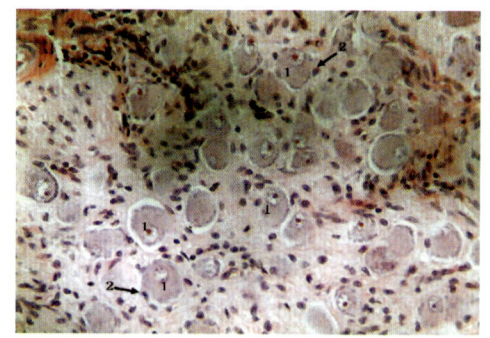

附图 8-6 交感神经节(HE 染色 高倍)
1. 节细胞胞体 2. 卫星细胞

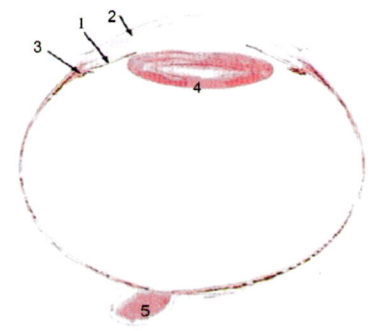

附图 9-1 眼球壁(HE 染色 低倍)
1. 虹膜 2. 角膜 3. 睫状体
4. 晶状体 5. 视神经

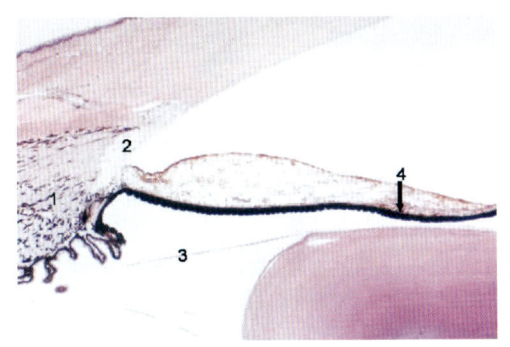

附图 9-2 眼球前部（HE 染色 低倍）
1. 睫状体 2. 小梁网 3. 睫状小带
4. 瞳孔括约肌↓

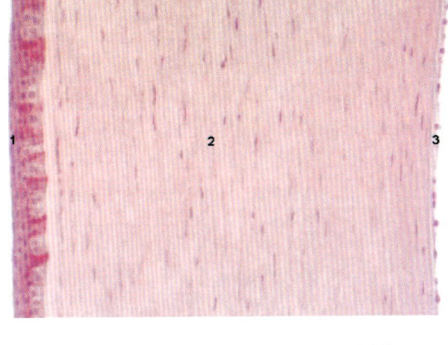

附图 9-3 角膜（HE 染色 低倍）
1. 角膜上皮 2. 角膜基质 3. 角膜内皮

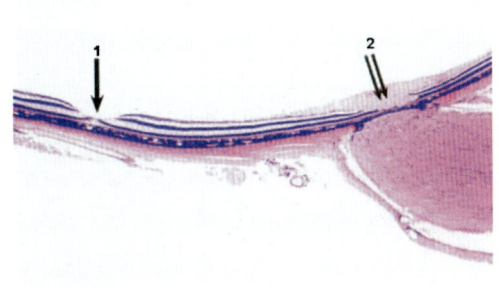

附图 9-4 眼球后部（HE 染色 低倍）
1. 黄斑 2. 视盘

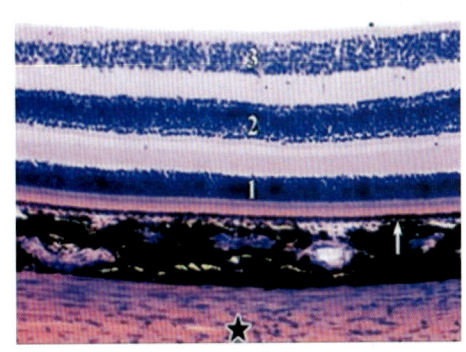

附图 9-5 视网膜（HE 染色 高倍）
1. 色素上皮层 2. 视细胞层
3. 双极细胞层 玻璃膜↑ 巩膜★

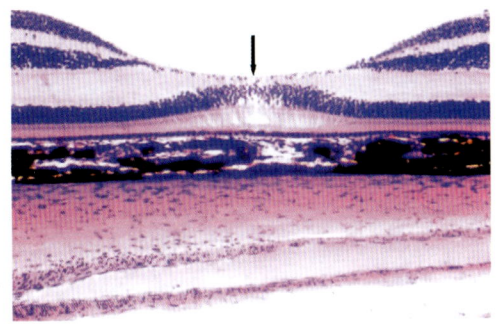

附图 9-6 视网膜中央凹↓
（HE 染色 低倍）

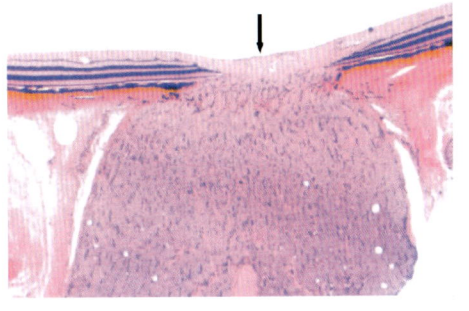

附图 9-7 视神经乳头↓
（HE 染色 低倍）

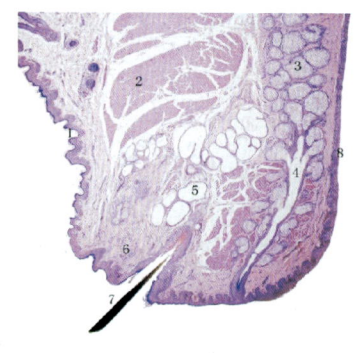

附图9-8 眼睑（HE染色 低倍）
1.表皮 2.眼轮匝肌 3.睑板腺
4.睑板腺导管 5.Moll腺
6.Zeis腺 7.睫毛 8.睑结膜

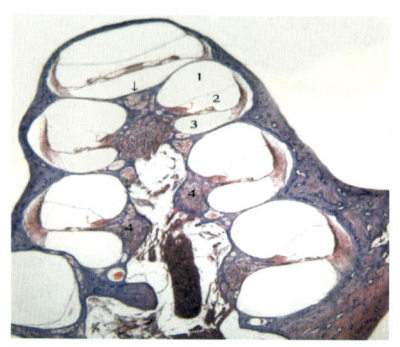

附图9-9 耳蜗纵切面
（HE染色 低倍）↓蜗轴
1.前庭阶 2.膜蜗管 3.鼓室阶
4.耳蜗神经节

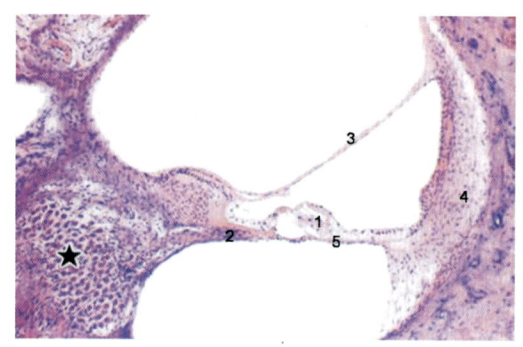

附图9-10 耳蜗（HE染色 低倍）
1.螺旋器 2.骨螺旋板 3.前庭膜
4.螺旋韧带 5.基底膜 ★耳蜗神经

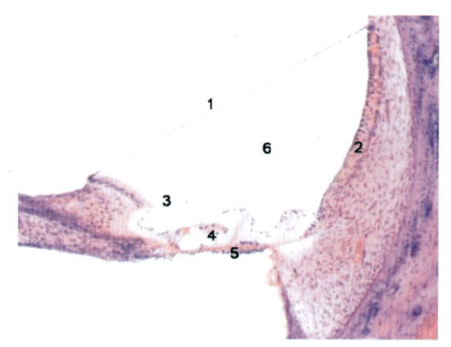

附图9-11 膜蜗管与螺旋器
（HE染色 低倍）
1.前庭膜 2.血管纹 3.盖膜
4.螺旋器 5.底壁 6.膜蜗管

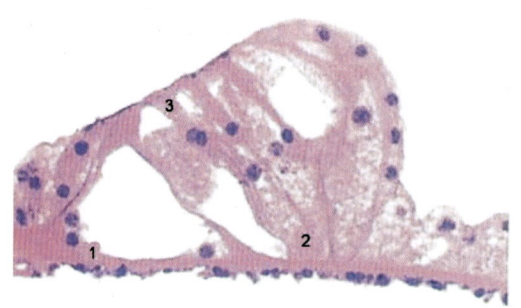

附图9-12 螺旋器（HE染色 高倍）
1.柱细胞 2.指细胞 3.毛细胞

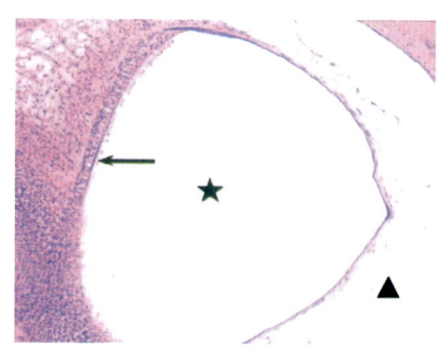

附图9-13 位觉斑（HE染色 低倍）
★球囊 ↑球囊斑 ▲前庭

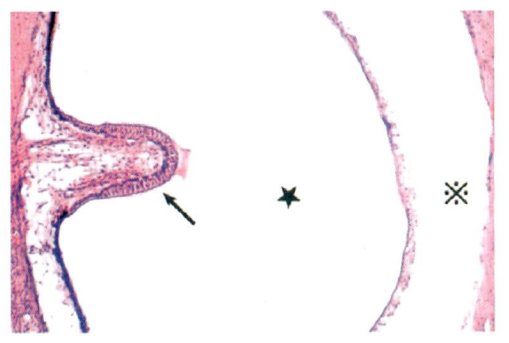

附图9-14 壶腹嵴（HE 染色 低倍）
★膜半规管壶腹部 ↑壶腹嵴 ※半规管

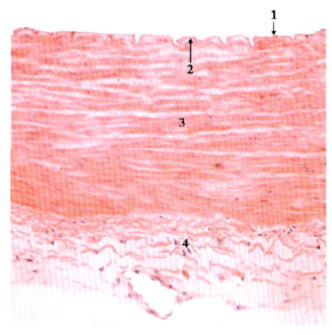

附图10-1 中动脉（HE 染色 高倍）
1.内皮 2.内弹性膜
3.中膜 4.外弹性膜

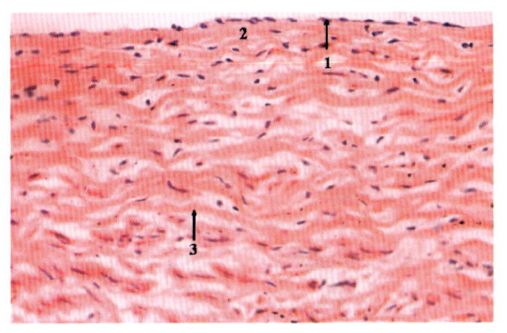

附图10-2 大动脉（HE 染色 高倍）
1.内皮 2.内皮下层 3.弹性膜

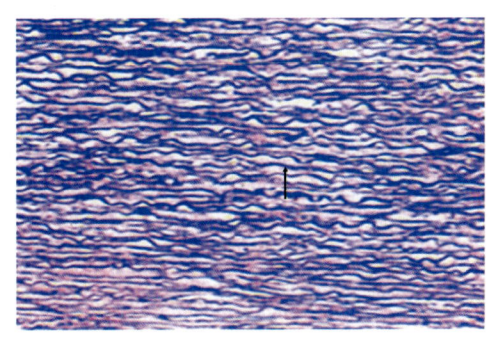

附图10-3 大动脉（弹性膜↑）
（醛复红染色 高倍）

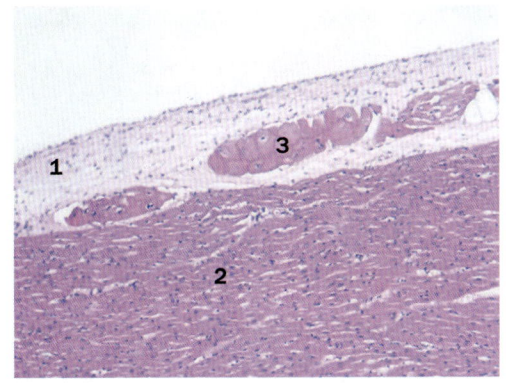

附图10-4 心脏壁（HE 染色 低倍）
1.心内膜 2.心肌膜 3.普肯耶纤维

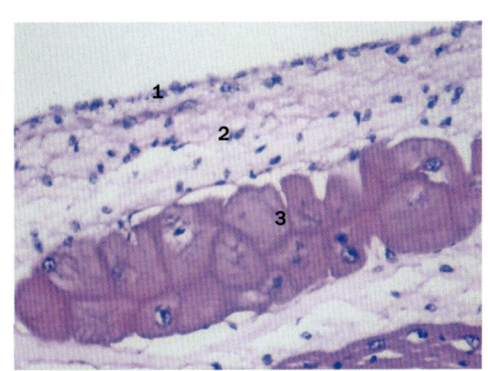

附图10-5 心内膜（HE 染色 高倍）
1.内皮 2.内皮下层内层 3.心内膜下层

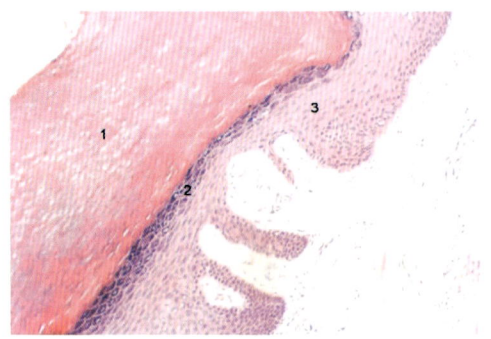

附图11-1 掌皮（HE 染色 低倍）
1.角质层 2.颗粒层 3.棘层

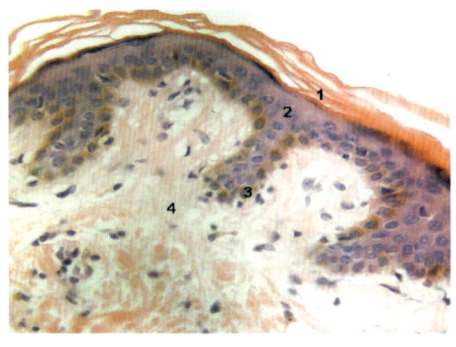

附图11-2 体皮（HE 染色 低倍）
1.角质层 2.棘层 3.基底层 4.真皮

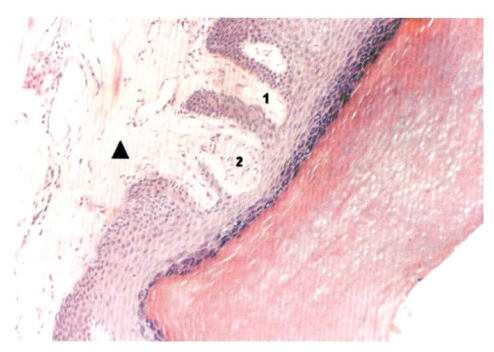

附图11-3 真皮乳头层（HE 染色 低倍）
1.乳头层 2.触觉小体 ▲网织层

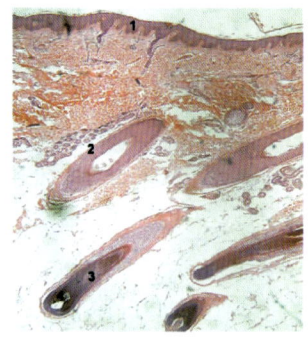

附图11-4 头皮（HE 染色 低倍）
1.表皮 2.毛囊 3.毛根 4.毛球

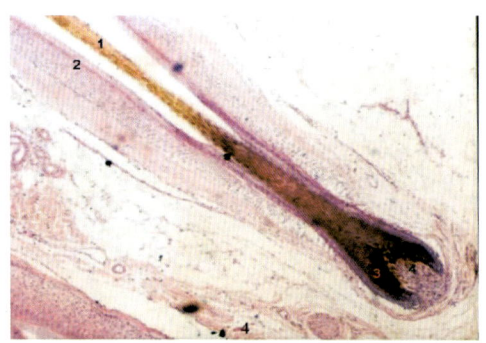

附图11-5 毛球（HE 染色 低倍）
1.毛根 2.毛囊 3.毛球 4.毛乳头

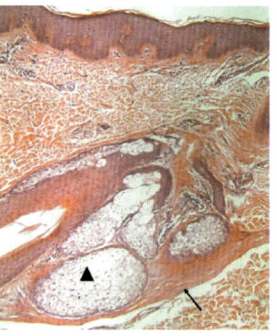

附图11-6 皮脂腺 （HE 染色 低倍）
▲皮脂腺 ↑立毛肌

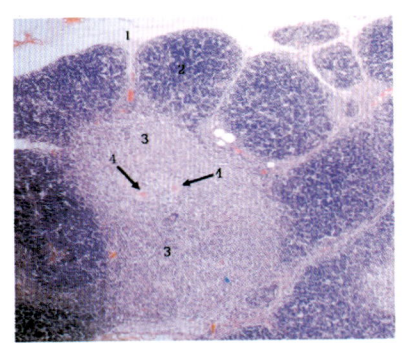

附图12-1 胸腺(HE染色 低倍)
1.被膜 2.皮质 3.髓质 4.胸腺小体

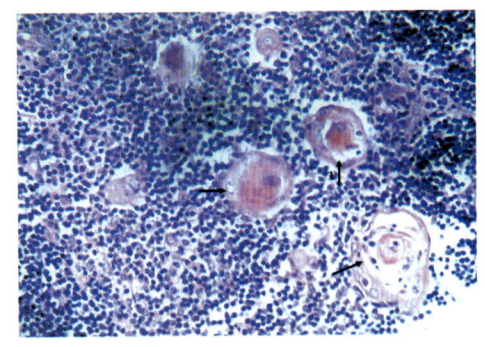

附图12-2 胸腺髓质
(HE染色 高倍)胸腺小体↑

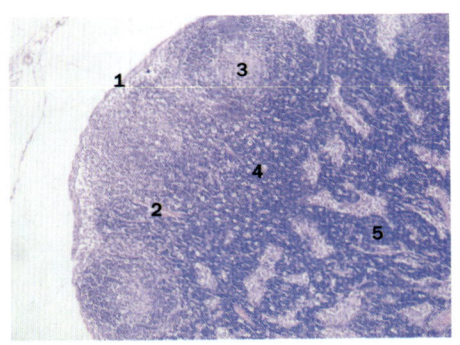

附图12-3 淋巴结(HE染色 低倍)
1.被膜 2.小梁 3.淋巴小结
4.副皮质区 5.髓质

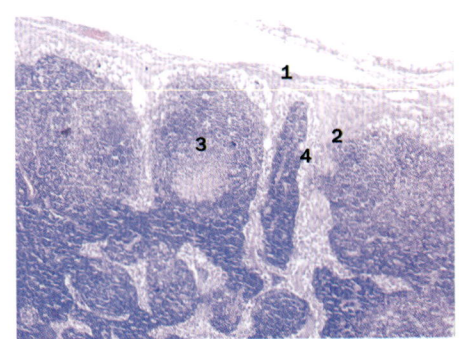

附图12-4 淋巴结
(HE染色 低倍)
1.被膜 2.小梁 3.淋巴小结
4.小梁周窦

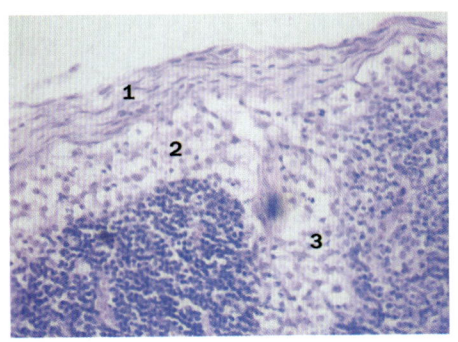

附图12-5 淋巴结(HE染色 高倍)
1.被膜 2.被膜下窦 3.小梁周窦

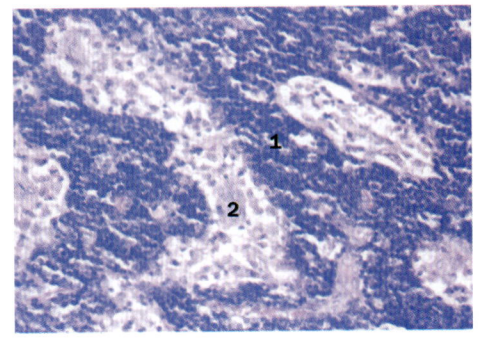

附图12-6 淋巴结髓质
(HE染色 高倍)
1.髓索 2.髓窦

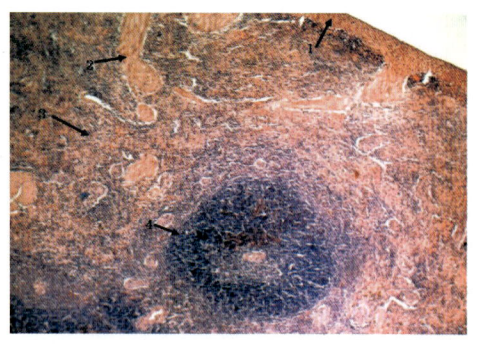

附图12-7 脾脏(HE染色 低倍)
1.被膜 2.小梁 3.红髓 4.白髓

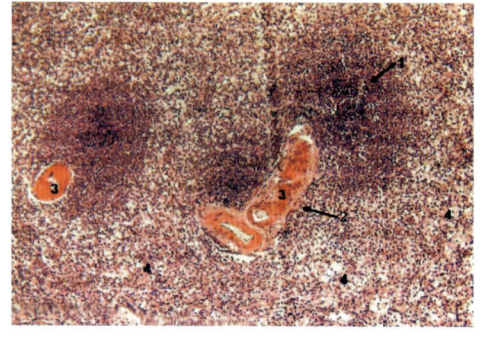

附图12-8 脾脏(HE染色 高倍)
1.脾小体 2.动脉周围淋巴鞘
3.中央动脉 4.红髓

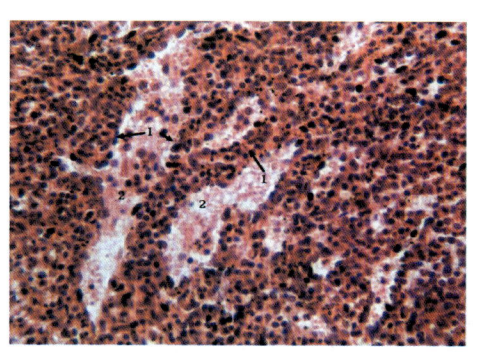

附图12-9 脾脏髓质(HE染色 高倍)
1.脾索 2.脾血窦

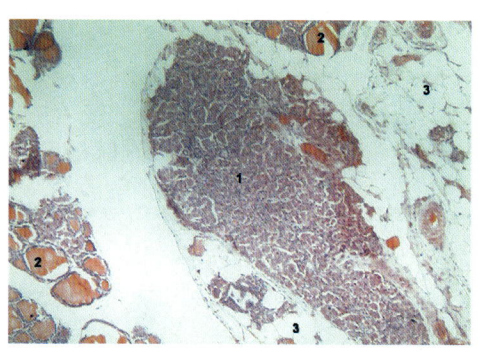

附图13-1 甲状腺与甲状旁腺(HE染色 低倍)
1.甲状旁腺 2.甲状腺滤泡 3.脂肪

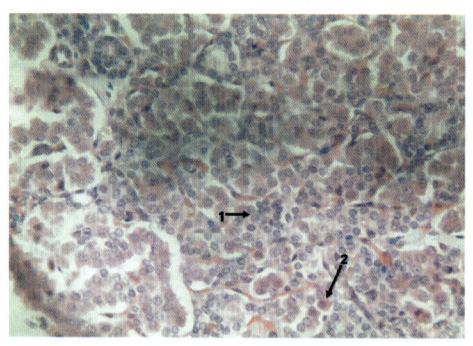

附图13-2 甲状旁腺(HE染色 高倍)
1.主细胞 2.嗜酸性细胞

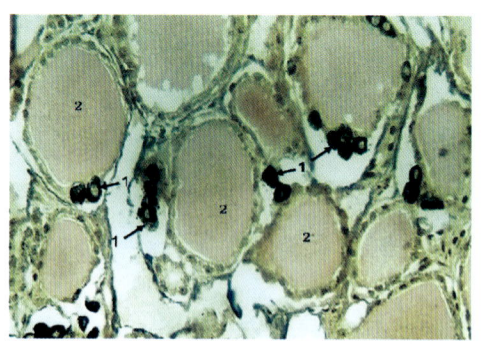

附图13-3 甲状腺(硝酸银染色 高倍)
1.滤泡旁细胞 2.胶质

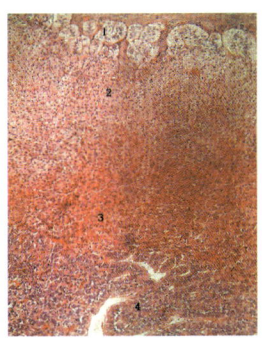

附图13-4 肾上腺(HE染色 低倍)
1.球状带 2.束状带 3.网状带 4.髓质

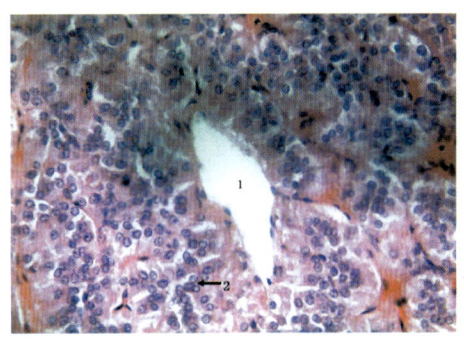

附图13-5 肾上腺髓质(HE染色 高倍)
1.中央静脉 2.髓质细胞

附图13-6 垂体(三色法 低倍)
1.远侧部 2.中间部 3.神经部

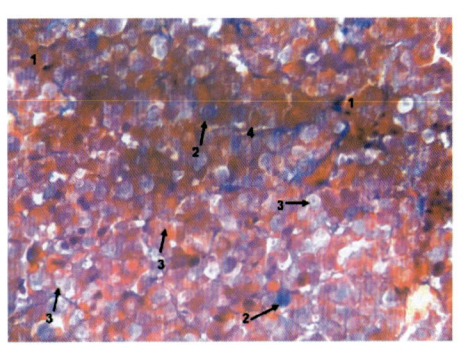

附图13-7 垂体远侧部(三色法 高倍)
1.嗜酸性细胞 2.嗜碱性细胞
3.嫌色细胞 4.血窦

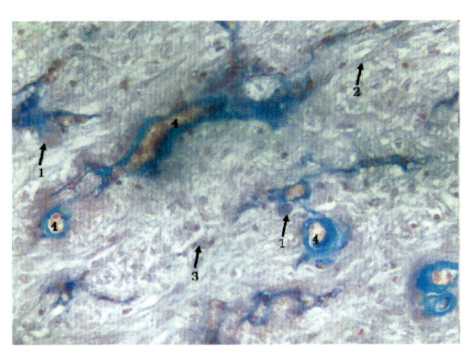

附图13-8 垂体神经部(三色法 高倍)
1.赫令氏体 2.无髓神经纤维
3.垂体细胞 4.毛细血管

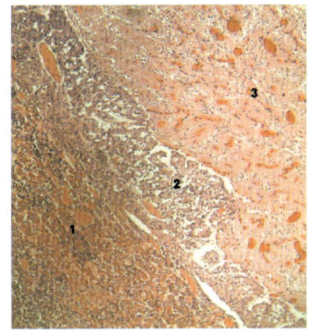

附图13-9 垂体(HE染色 低倍)
1.远侧部 2.中间部 3.神经部

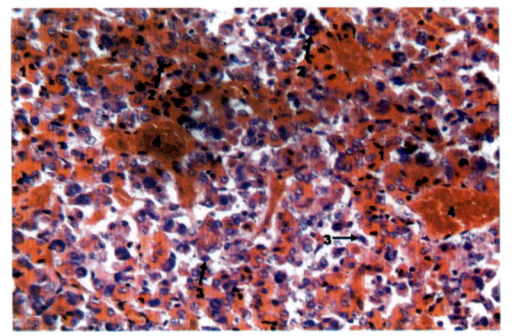

附图13-10 垂体远侧部（HE染色 高倍）
1.嗜酸性细胞 2.嗜碱性细胞
3.嫌色细胞 4.血窦

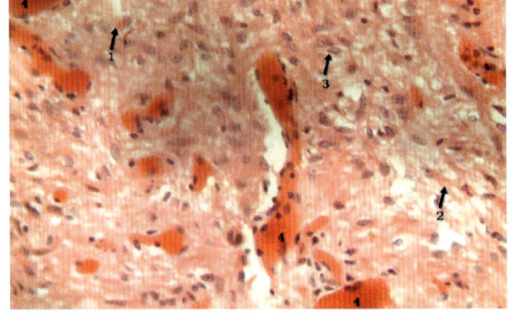

附图13-11 垂体神经部（HE染色 高倍）
1.赫令氏体 2.无髓神经纤维
3.神经胶质细胞 4.血窦

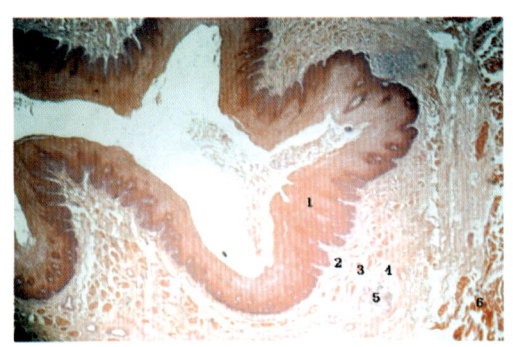

附图14-1 食管（HE染色 低倍）
1.复层扁平上皮 2.固有层 3.黏膜肌层
4.黏膜下层 5.食管腺 6.肌层

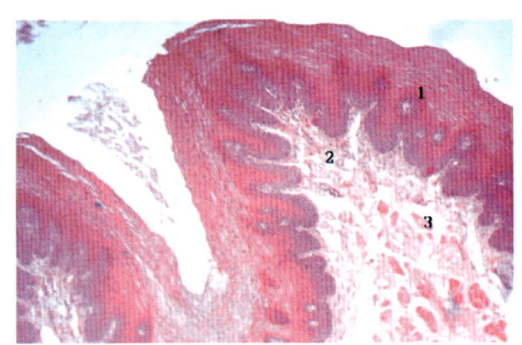

附图14-2 食管黏膜（HE染色 低倍）
1.复层扁平上皮 2.固有层 3.黏膜肌层

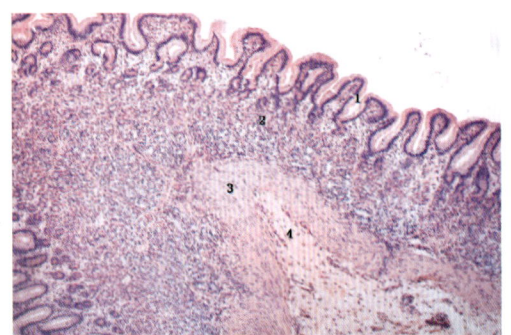

附图14-3 胃底（HE染色 低倍）
1.黏膜上皮 2.胃底腺
3.黏膜肌层 4.黏膜下层

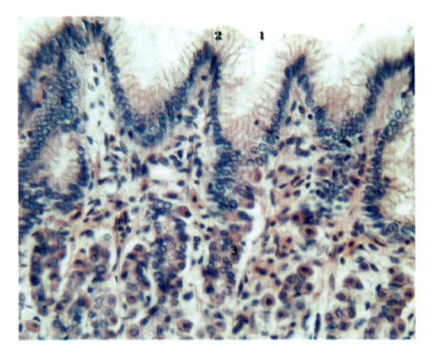

附图14-4 胃底部黏膜（HE染色 高倍）
1.胃小凹 2.柱状细胞 3.胃底腺

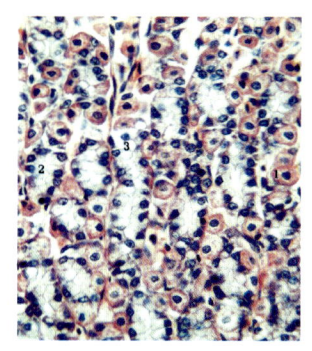

附图 14-5　胃底腺（HE 染色　高倍）
1. 壁细胞　2. 主细胞　3. 颈黏液细胞

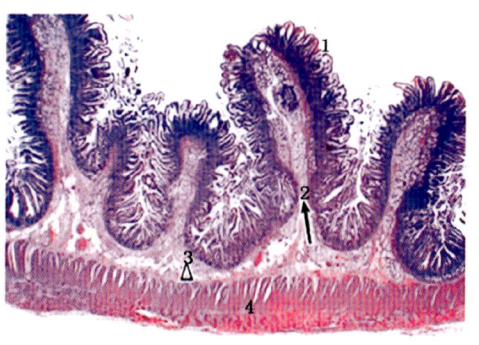

附图 14-6　十二指肠（HE 染色　低倍）
1. 绒毛　2. 皱襞　3. 十二指肠腺　4. 肌层

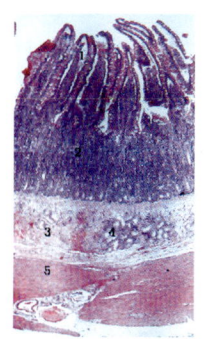

附图 14-7　十二指肠（HE 染色　低倍）
1. 绒毛　2. 小肠腺　3. 黏膜下层
4. 十二指肠腺　5. 肌层

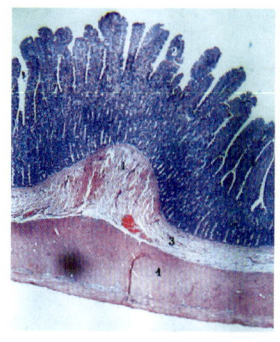

附图 14-8　空肠（HE 染色　低倍）
1. 皱襞　2. 绒毛　3. 黏膜下层
4. 肌层

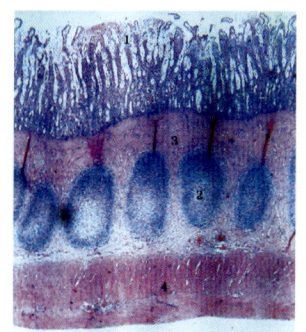

附图 14-9　回肠（HE 染色　低倍）
1. 绒毛　2. 淋巴小结　3. 黏膜下层　4. 肌层

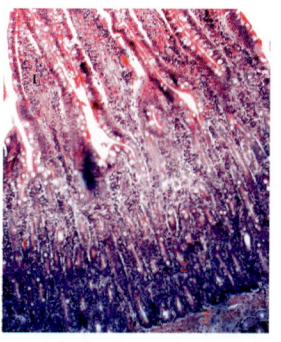

附图 14-10　十二指肠黏膜
（HE 染色　低倍）
1. 绒毛　2. 小肠腺　3. 黏膜肌层

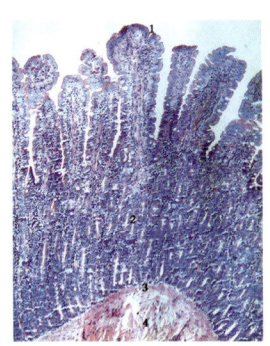

附图 14-11　空肠黏膜（HE 染色　高倍）
1. 绒毛　2. 小肠腺　3. 黏膜肌　4. 黏膜下层

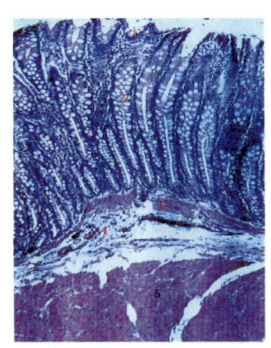

附图 14-12　回肠黏膜
（HE 染色　高倍）
1. 绒毛　2. 小肠腺　3. 黏膜肌层

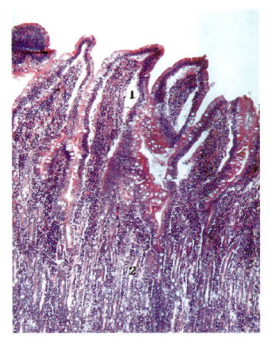

附图 14-13　十二指肠绒毛
（HE 染色　低倍）
1. 绒毛　2. 小肠腺

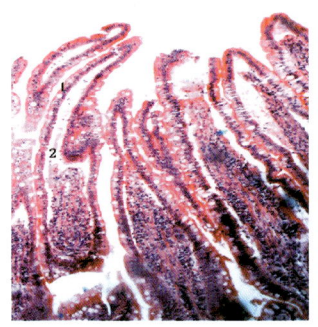

附图 14-14　十二指肠绒毛
（HE 染色　高倍）
1. 绒毛上皮　2. 绒毛固有层

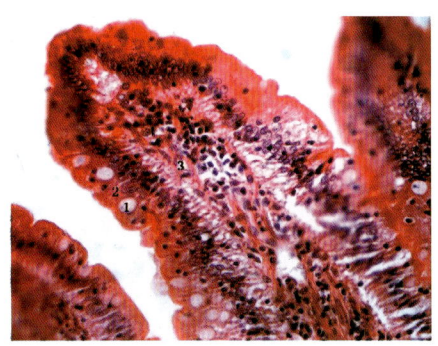

附图 14-15　十二指肠绒毛
（HE 染色　高倍）
1. 杯状细胞　2. 柱状细胞　3. 绒毛固有层

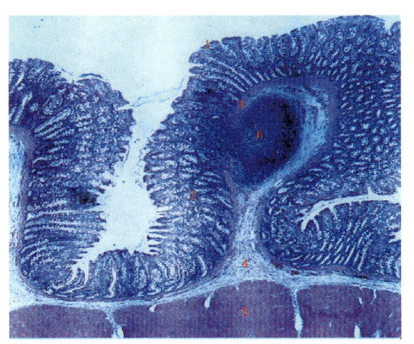

附图 14-16　结肠（HE 染色　低倍）
1. 上皮　2. 肠腺　3. 黏膜肌层
4. 黏膜下层　5. 肌层　6. 淋巴小结

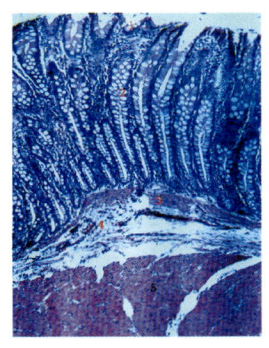

附图 14-17 结肠（HE 染色 高倍）
1.上皮 2.肠腺 3.黏膜肌层
4.黏膜下层 5.肌层

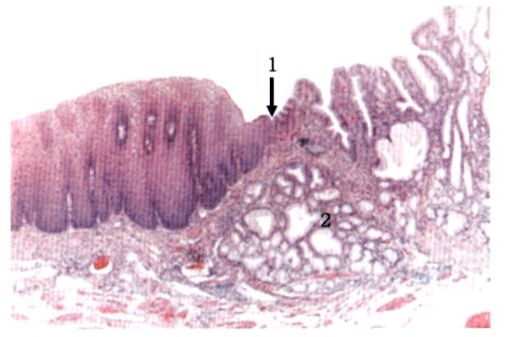

附图 14-18 食管-胃贲门交界
（HE 染色 低倍）
1.交界处 2.贲门腺

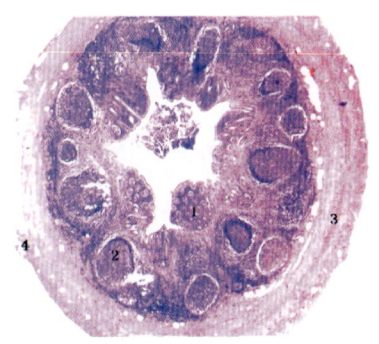

附图 14-19 阑尾
（HE 染色 低倍）
1.肠腺 2.淋巴小结 3.肌层 4.外膜

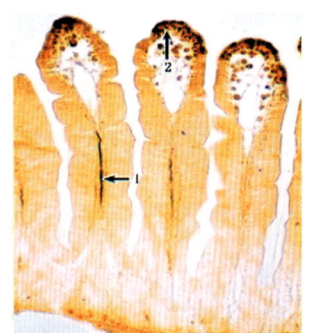

附图 14-20 小肠绒毛
（锇酸固定染色 高倍）
1.中央乳糜管中的脂肪
2.吸收细胞内的脂滴

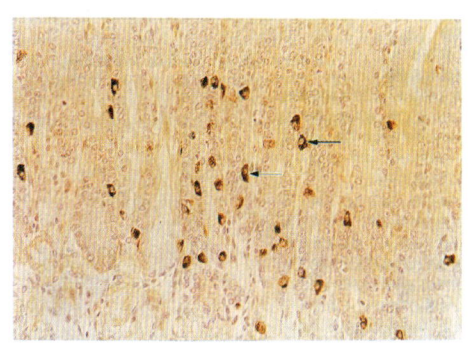

附图 14-21 肠嗜银细胞↑（银染 高倍）

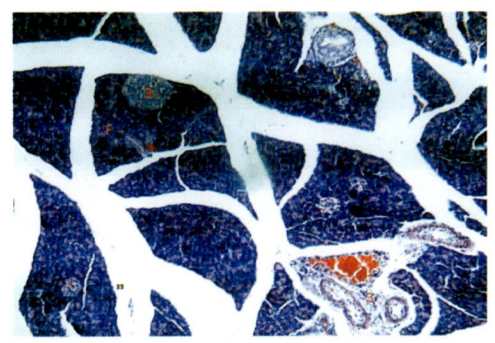

附图 15-1 胰腺（HE 染色 低倍）
1.外分泌部 2.胰岛 3.小叶间结缔组织

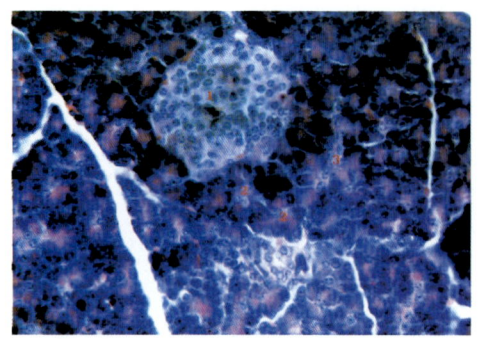

附图15-2 胰腺(HE染色 高倍)
1.胰岛 2.胰腺泡心细胞 3.闰管

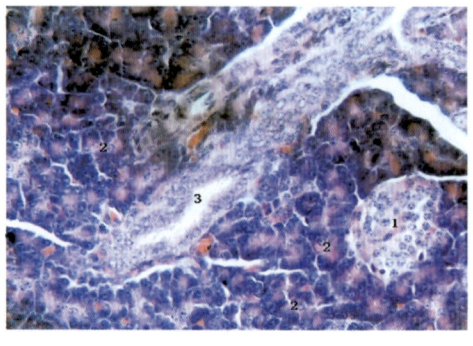

附图15-3 胰腺(HE染色 高倍)
1.胰岛 2.胰腺泡心细胞 3.小叶内导管

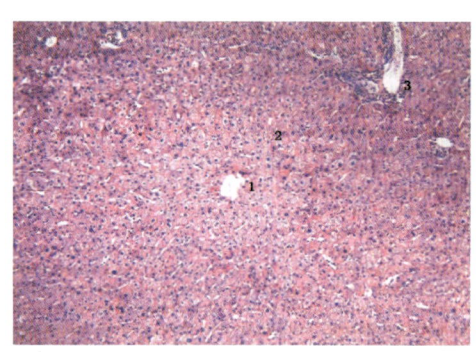

附图15-4 肝(人)(HE染色 低倍)
1.中央静脉 2.肝小叶 3.门管区

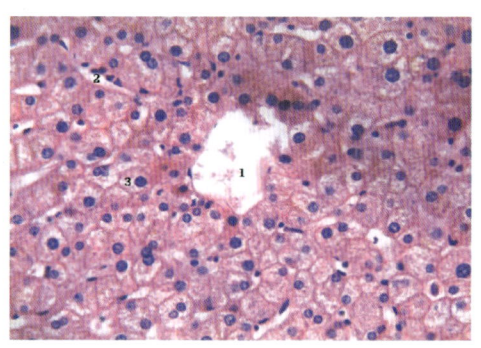

附图15-5 肝小叶(HE染色 高倍)
1.中央静脉 2.肝血窦 3.肝细胞

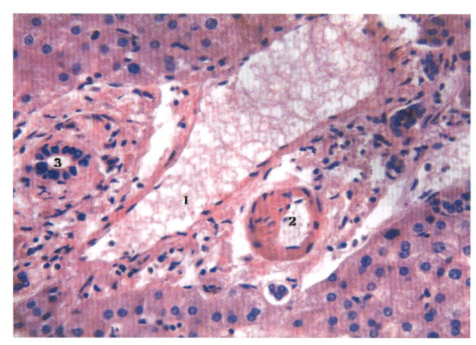

附图15-6 肝门管区(HE染色 高倍)
1.小叶间静脉 2.小叶间动脉 3.小叶间胆管

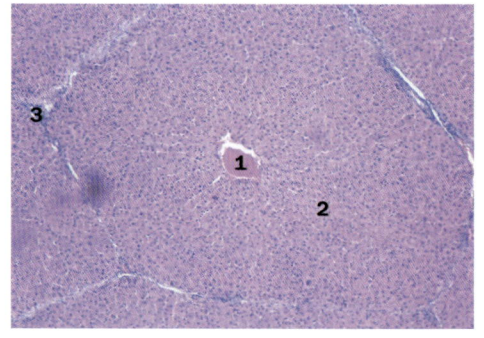

附图15-7 肝(猪)(HE染色 低倍)
1.中央静脉 2.肝小叶 3.门管区

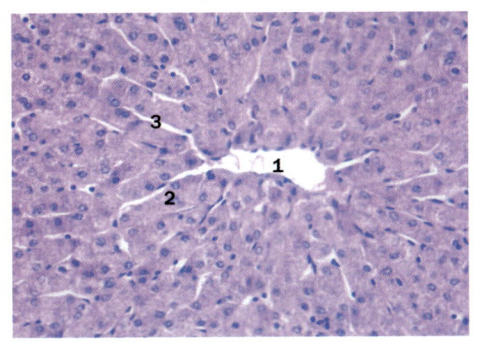

附图15-8 肝(猪)(HE染色 高倍)
1.中央静脉 2.肝索 3.肝血窦

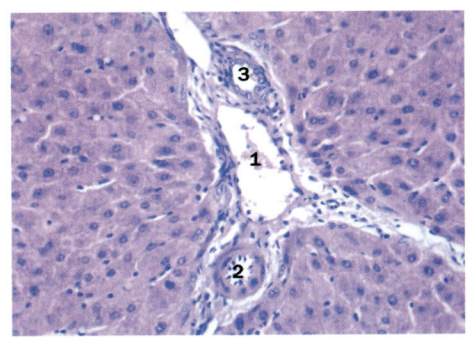

附图15-9 肝(猪)(HE染色 高倍)
1.小叶间静脉 2.小叶间动脉
3.小叶间胆管

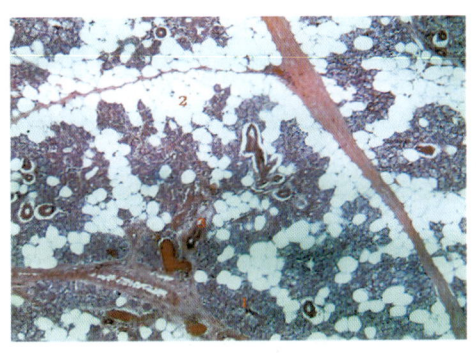

附图15-10 腮腺(HE染色 低倍)
1.浆液性腺泡 2.脂肪细胞 3.分泌管

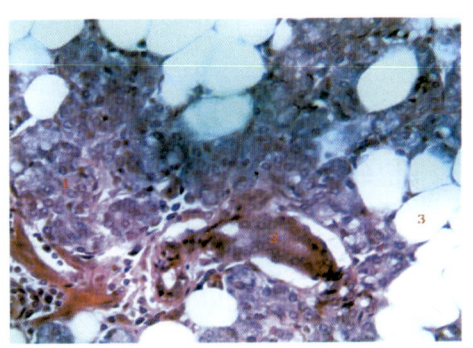

附图15-11 腮腺(HE染色 高倍)
1.浆液性腺泡 2.分泌管 3.脂肪细胞

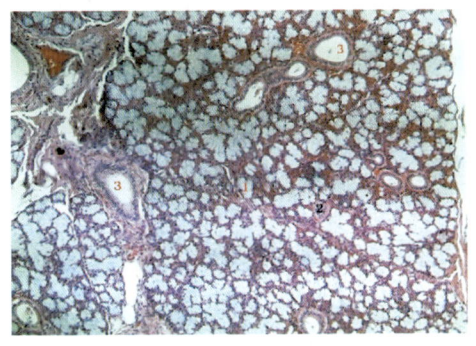

附图15-12 舌下腺(HE染色 低倍)
1.黏液性腺泡 2.浆液性腺泡 3.分泌管

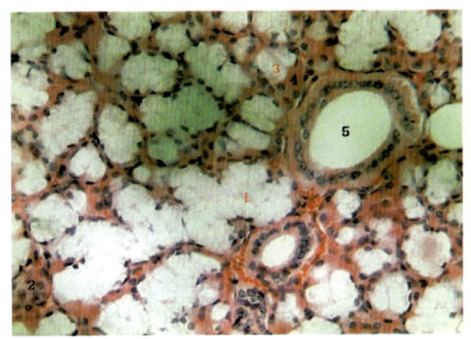

附图15-13 舌下腺(HE染色 高倍)
1.黏液性腺泡 2.浆液性腺泡
3.混合性腺泡 4.半月 5.分泌管

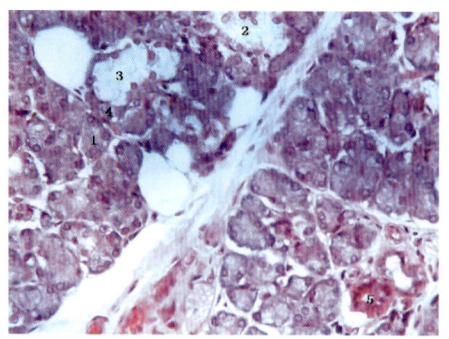

附图 15-14　颌下腺（HE 染色　高倍）
1. 浆液性腺泡　2. 黏液性腺泡
3. 混合性腺泡　4. 半月　5. 分泌管

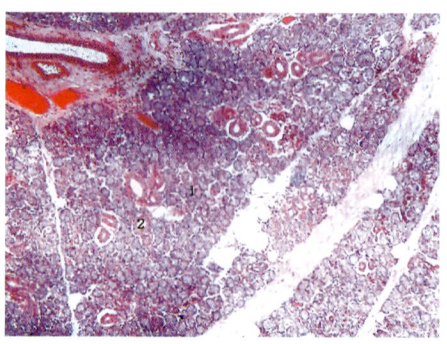

附图 15-15　颌下腺（HE 染色　低倍）
1. 腺泡　2. 分泌管

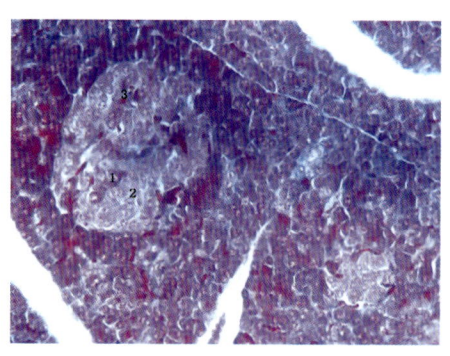

附图 15-16　胰岛（三色法　高倍）
1. A 细胞　2. B 细胞　3. D 细胞

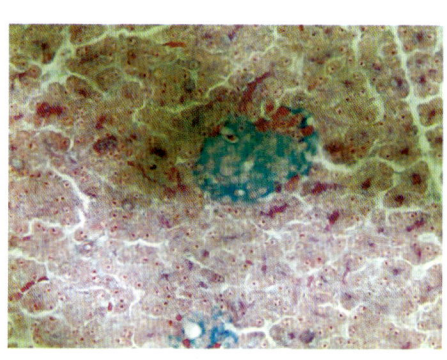

附图 15-17　胰岛 B 细胞（绿色示）
（醛品红-亮绿染色　高倍）

附图 15-18　胆小管（ATP 酶法染色　高倍）
1. 中央静脉　2. 胆小管

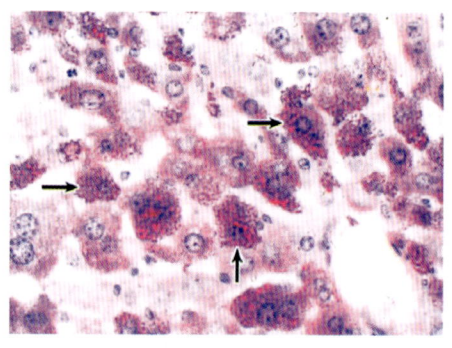

附图 15-19　肝糖原↑
（PAS 与苏木精染色　高倍）

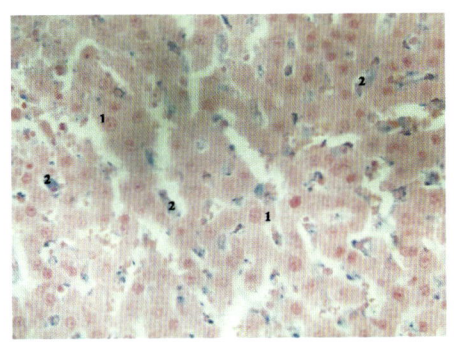

附图 15-20 肝(鼠)(台盼蓝活体注射 高倍)
1.肝细胞 2.巨噬细胞

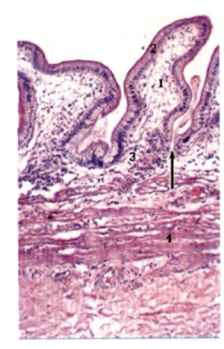

附图 15-21 胆囊(HE 染色 低倍)
1.黏膜皱襞 2.单层柱状上皮
3.固有层 4.肌层

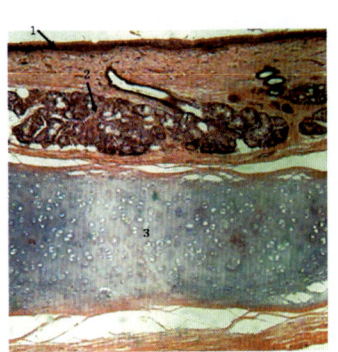

附图 16-1 气管(HE 染色 低倍)
1.上皮 2.混合性腺 3.透明软骨

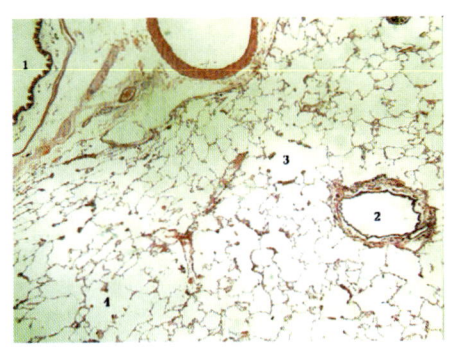

附图 16-2 肺(HE 染色 低倍)
1.小支气管 2.终末细支气管
3.肺泡管 4.肺泡囊

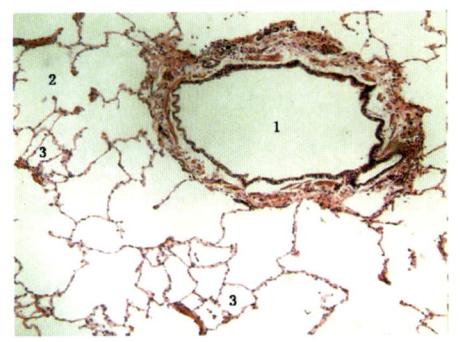

附图 16-3 肺(HE 染色 高倍)
1.终末细支气管 2.肺泡囊 3.肺泡

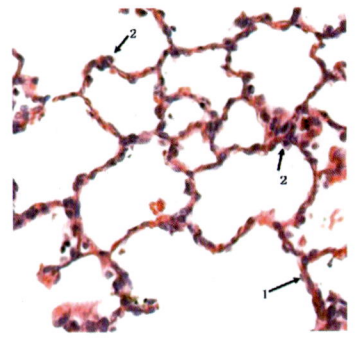

附图 16-4 肺(HE 染色 高倍)
1.Ⅰ型肺泡上皮细胞
2.Ⅱ型肺泡上皮细胞

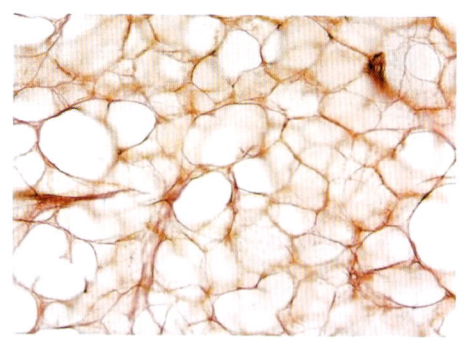

附图 16-5 肺弹性纤维（地衣红染色 低倍）

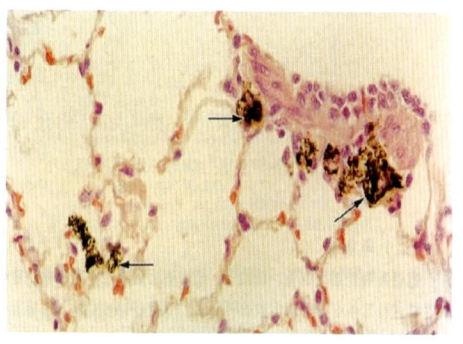

附图 16-6 肺巨噬细胞↑（HE 染色 高倍）

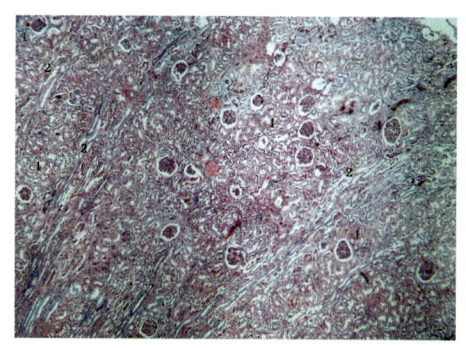

附图 17-1 肾皮质（HE 染色 低倍）
1. 皮质迷路 2. 髓放线

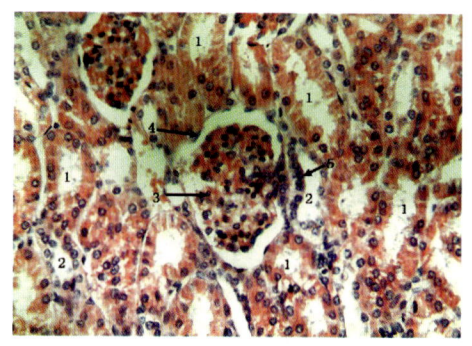

附图 17-2 肾皮质迷路（HE 染色 高倍）
1. 近曲小管 2. 远曲小管 3. 血管球
4. 肾小囊壁层 5. 致密斑

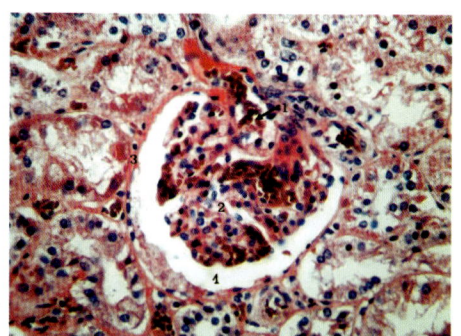

附图 17-3 肾皮质迷路（HE 染色 高倍）
1. 入球微动脉 2. 血管球
3. 肾小囊壁层 4. 肾小囊腔

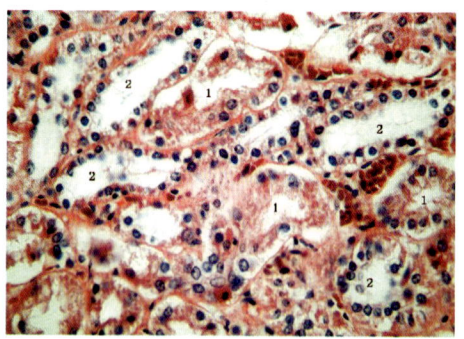

附图 17-4 肾髓放线（HE 染色 高倍）
1. 近端小管直部 2. 远端小管直部

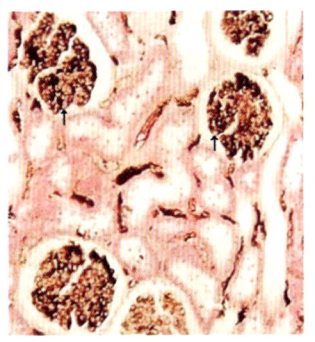

附图17-5 肾血管灌注
（墨汁 低倍）肾血管球↑

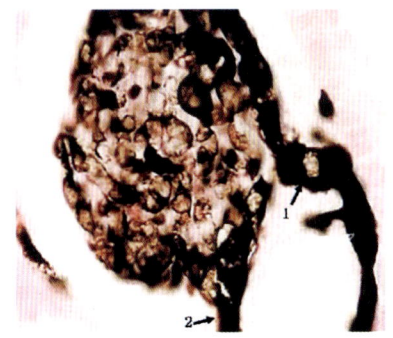

附图17-6 肾血管灌注（墨汁 高倍）
1. 入球微动脉 2. 出球微动脉

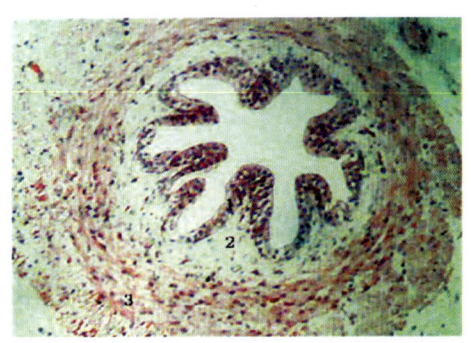

附图17-7 输尿管（HE染色 低倍）
1. 黏膜上皮 2. 黏膜固有层 3. 肌层

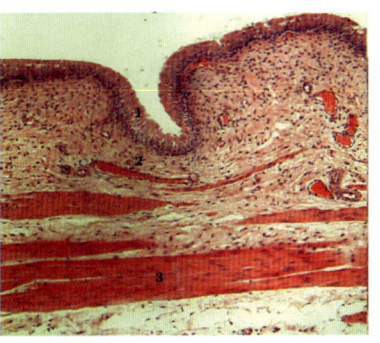

附图17-8 膀胱（HE染色 低倍）
1. 变移上皮 2. 黏膜固有层 3. 肌层

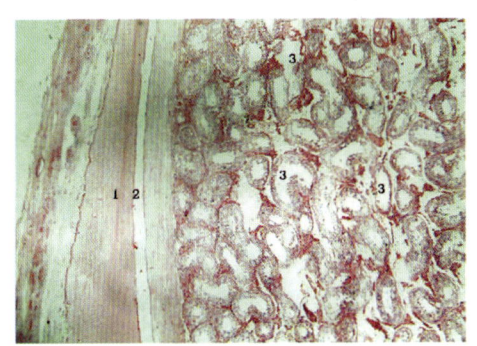

附图18-1 睾丸（HE染色 低倍）
1. 白膜 2. 鞘膜腔 3. 生精小管

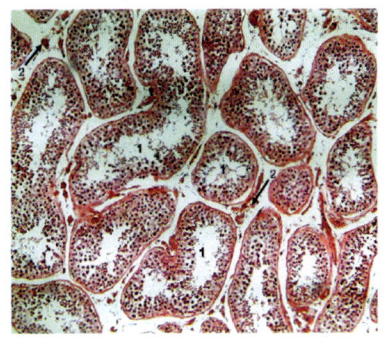

附图18-2 睾丸（HE染色 低倍）
1. 生精小管 2. 间质

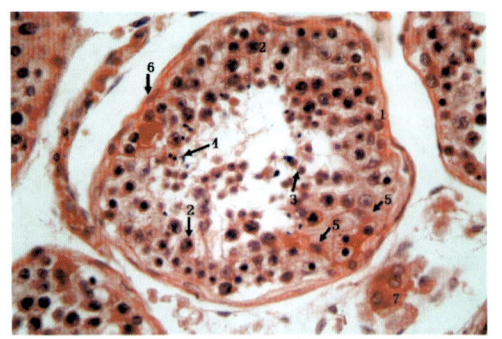

附图 18-3 睾丸（HE 染色　高倍）
1. 精原细胞　2. 初级精母细胞
3. 精子细胞　4. 精子　5. 支持细胞
6. 肌样细胞　7. 睾丸间质细胞

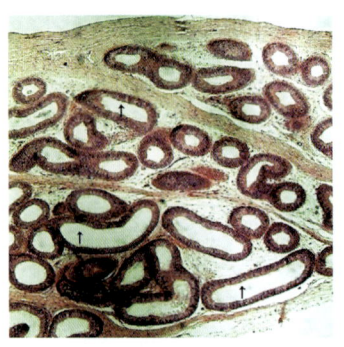

附图 18-4 附睾
（HE 染色　低倍）附睾管↑

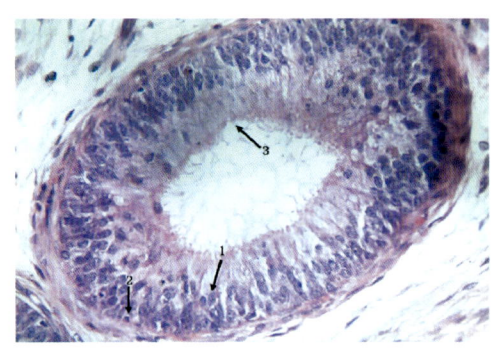

附图 18-5 附睾（HE 染色　高倍）
1. 主细胞　2. 基细胞　3. 静纤毛

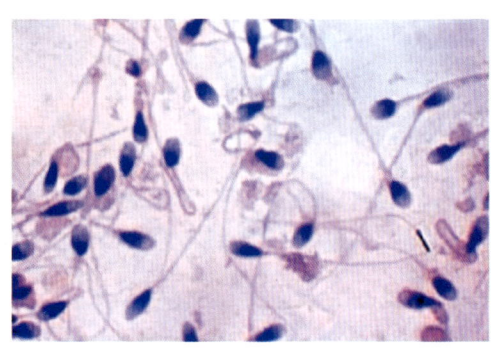

附图 18-6 精子涂片（HE 染色　高倍）

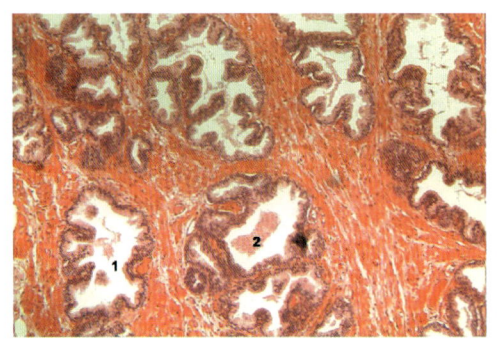

附图 18-7 前列腺（HE 染色　低倍）
1. 腺泡　2. 前列腺凝固体

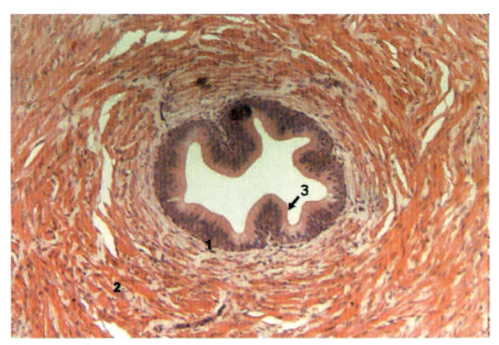

附图 18-8 输精管（HE 染色　低倍）
1. 黏膜　2. 肌层　3. 皱襞

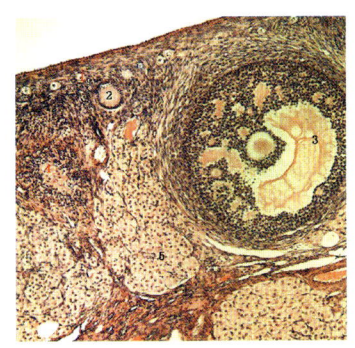

附图19-1 卵巢（HE 染色 低倍）
1. 原始卵泡 2. 初级卵泡 3. 次级卵泡
4. 闭锁卵泡 5. 黄体

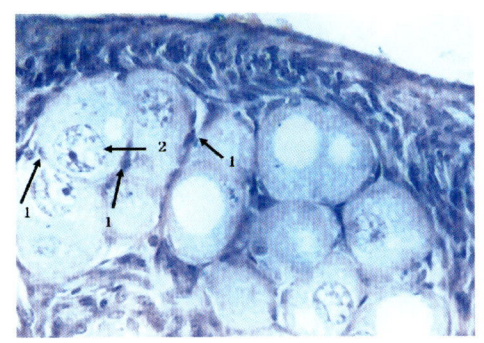

附图19-2 原始卵泡（HE 染色 高倍）
1. 卵泡细胞 2. 初级卵母细胞

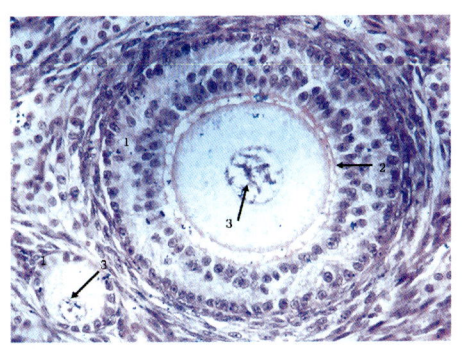

附图19-3 初级卵泡（HE 染色 高倍）
1. 卵泡细胞 2. 透明带 3. 初级卵母细胞

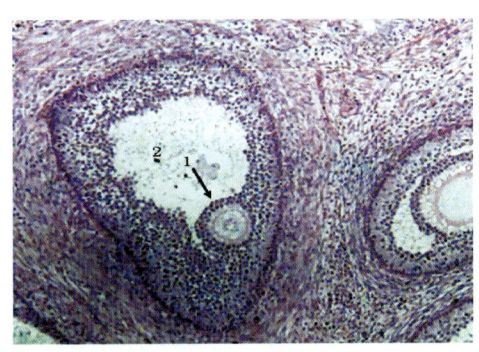

附图19-4 次级卵泡（HE 染色 高倍）
1. 卵丘 2. 卵泡腔

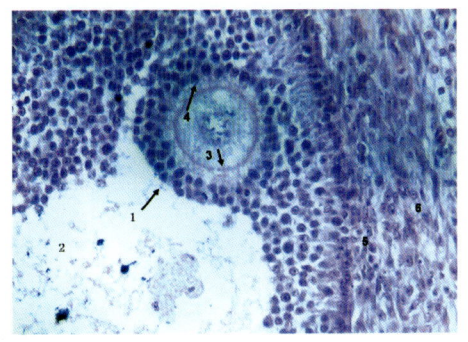

附图19-5 次级卵泡（HE 染色 高倍）
1. 卵丘 2. 卵泡腔 3. 透明带 4. 放射冠
5. 卵泡膜内层 6. 卵泡膜外层

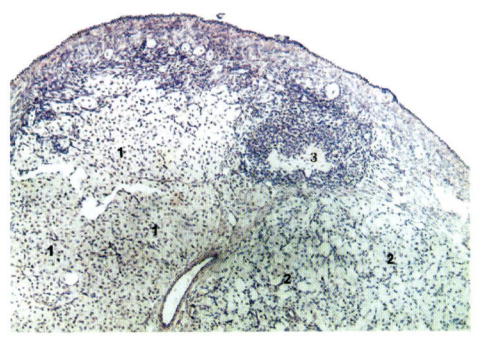

附图19-6 间质腺（HE 染色 低倍）
1. 间质腺 2. 黄体 3. 闭锁卵泡

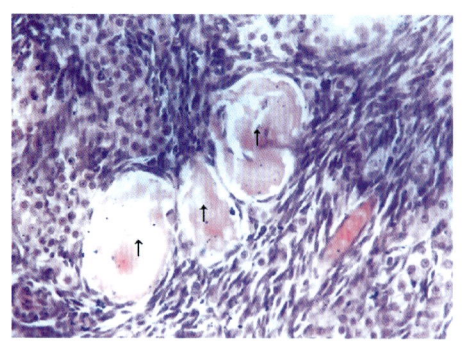

附图19-7 闭锁卵泡(↑)
（HE 染色 高倍）

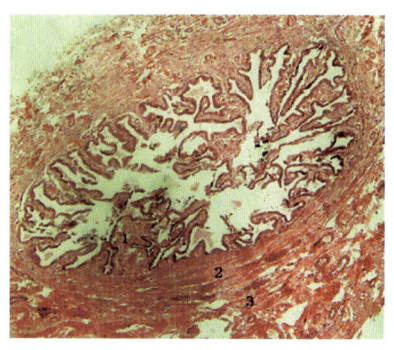

附图19-8 输卵管（HE 染色 低倍）
1.黏膜皱襞 2.肌层 3.浆膜结缔组织

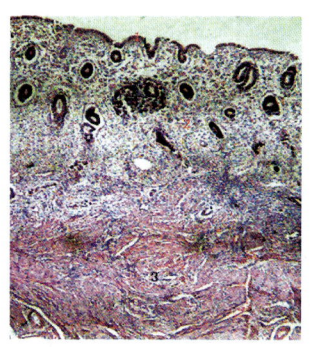

附图19-9 子宫（增生期）
（HE 染色 低倍）
1.内膜上皮 2.内膜固有层 3.肌层

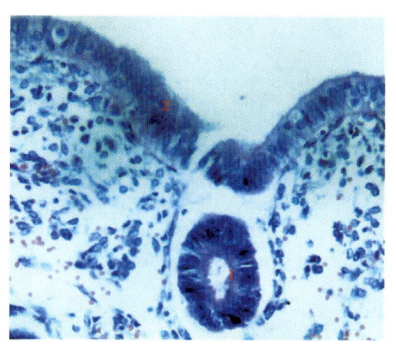

附图19-10 子宫（增生期）
（HE 染色 高倍）
1.子宫腺 2.上皮

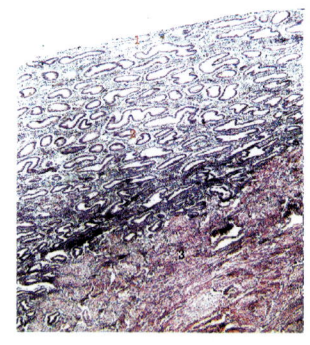

附图19-11 子宫（分泌期）
（HE 染色 低倍）
1.内膜上皮 2.内膜固有层 3.肌层

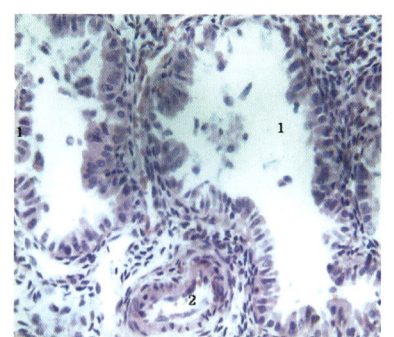

附图19-12 子宫（分泌期）
（HE 染色 高倍）
1.子宫腺 2.螺旋动脉

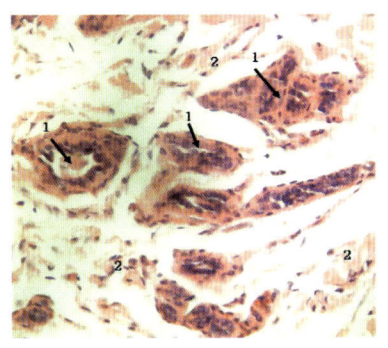

附图19-13　静止期乳腺（HE染色　高倍）
1.腺泡　2.结缔组织

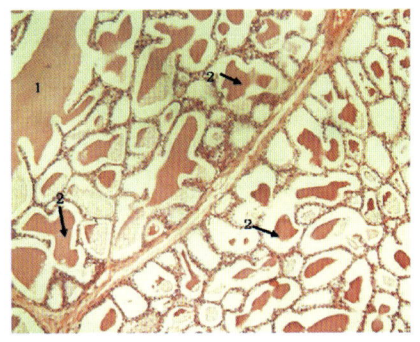

附图19-14　活动期乳腺（HE染色　高倍）
1.小叶间导管　2.分泌后腺泡

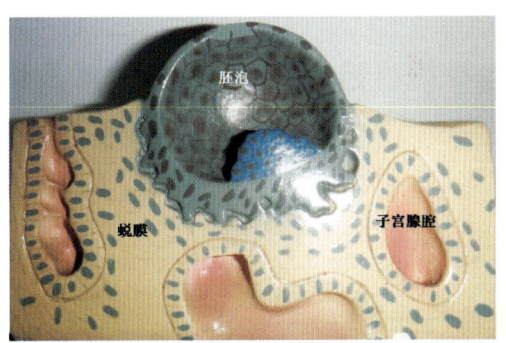

附图20-1　胚泡植入过程Ⅰ（子宫与胚泡剖面）

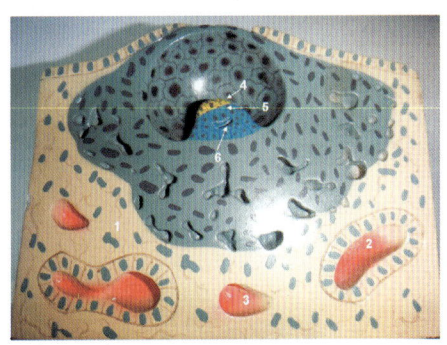

附图20-2　胚泡植入过程Ⅱ
1.子宫蜕膜　2.子宫腺　3.血管
4.下胚层　5.上胚层　6.羊膜腔

附图20-3　鸡胚胚盘横切面
（HE染色　低倍）
1.上胚层　2.下胚层

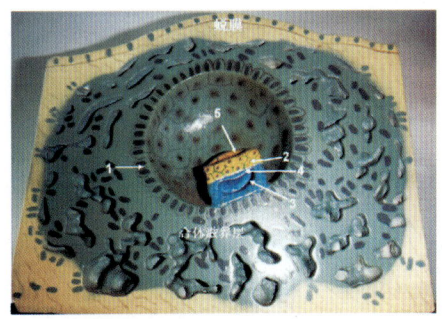

附图20-4　胚泡植入过程Ⅲ
1.细胞滋养层　2.下胚层　3.羊膜腔
4.上胚层　5.卵黄囊

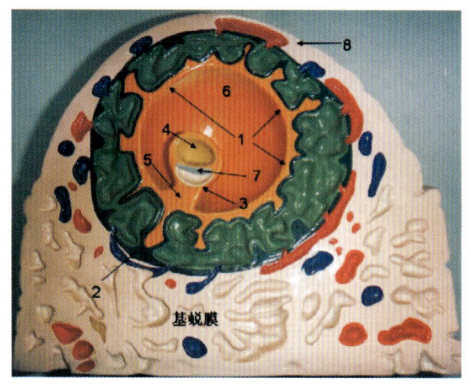

附图 20-5 胚泡植入过程 Ⅳ
1. 绒毛膜 2. 绒毛 3. 羊膜 4. 卵黄囊
5. 体蒂 6. 胚外体腔 7. 胚盘
8. 包蜕膜

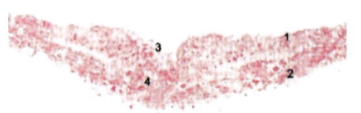

附图 20-6 胚盘横切面
（HE 染色 低倍）
1. 外胚层 2. 内胚层 3. 原沟
4. 内陷的中胚层

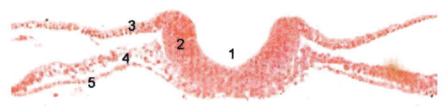

附图 20-7 三胚层分化
（胚盘横切面 HE 染色 低倍）
1. 神经管 2. 外胚层 3. 体节
4. 体节 5. 内胚层

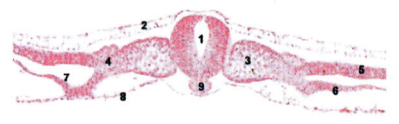

附图 20-8 三胚层分化
（胚盘横切面 HE 染色 低倍）
1. 神经沟 2. 神经褶 3. 外胚层
4. 间介中胚层 5. 体壁中胚层
6. 脏壁中胚层 7. 胚内体腔
8. 内胚层 9. 脊索

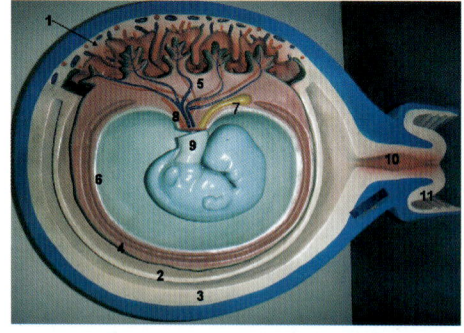

附图 20-9 胎儿和胎盘在子宫内的关系
1. 基蜕膜 2. 包蜕膜 3. 壁蜕膜 4. 平滑绒毛膜 5. 丛密绒毛膜 6. 羊膜 7. 卵黄囊
8. 尿囊 9. 脐带 10. 子宫颈 11. 阴道

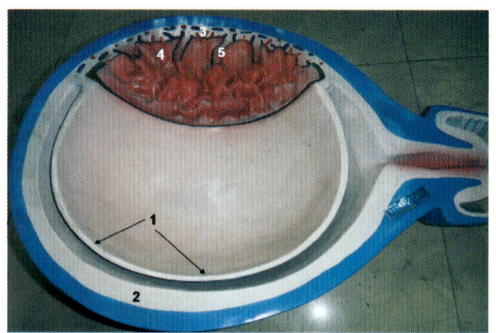

附图 20-10 胎儿和胎盘在子宫内的关系
1. 包蜕膜 2. 壁蜕膜 3. 基蜕膜
4. 绒毛间隙 5. 胎盘隔

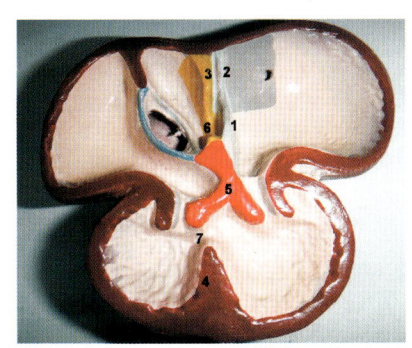

附图 24-1　心脏内部分隔模型 Ⅱ（腹面观）
1. 第一房间隔　2. 第二房间孔　3. 第二房间隔
4. 肌性室间隔　5. 心内膜垫　6. 卵圆孔　7. 室间孔

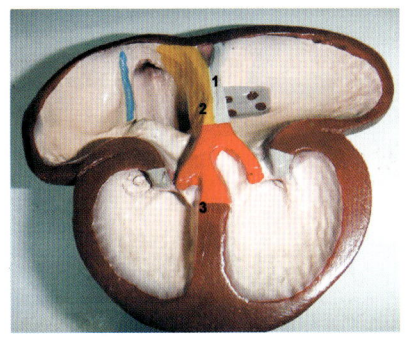

附图 24-2　心脏内部分隔模型 Ⅲ（腹面观）
1. 第一房间隔　2. 第二房间隔　3. 室间隔